陈望道 著

陈望道 手稿集（下）

本书由复旦大学档案馆提供资料支持和经费资助

复旦大学出版社

上海文化发展基金会图书出版专项基金资助项目

目 录

卷首语 / 陈光磊

题　　辞

1927 年为《复旦实中季刊》题写刊名 / 3
1928 年为《复旦实中季刊》题写刊名 / 3
1934 年 9 月评开明版"二十五史" / 4
1934 年 10 月为《小说》半月刊第十一期的扉页题词 / 5
1940 年为张自忠题词 / 6
1943 年题写的新闻系系铭 / 6
1945 年为蒋星煜题词 / 7
1950 年除夕为复旦校刊题词 / 8
1950 年 11 月为新文字工作者协会题词 / 9
1950 年 6 月为复旦校刊创刊号题写刊名 / 9
1951 年为复旦参加军事干校学生题词 / 9
1952 年为复旦校刊题写刊名 / 9
1952 年为复旦大学毕业生的题词 / 10
1953 年校庆时为校刊题词 / 11
1954 年 5 月为复旦大学学业优良纪念册题词 / 12
1954 年 5 月为复旦大学首届科学报告讨论会题词 / 13
1955 年为校庆题词 / 14
1955 年为上海新文字工作者协会编辑的《语文知识》题词 / 14
1956 年为复旦校刊题写的新年献词 / 15

1956年为复旦大学题写简体字校名 / 15

1956年6月为复旦第一届学生学习积极分子的题词 / 15

1957年2月为校刊题词 / 16

1958年为中国民主同盟上海市委机关报《上海盟讯》题写刊名 / 16

1958年为复旦校庆题词 / 17

1958年7月为复旦毕业生的题词 / 17

1959年为庆祝苏联革命成功四十周年为校刊题词 / 18

20世纪60年代为义乌文化馆题词 / 19

1961年为庆祝党成立四十周年在《上海盟讯》上题词 / 19

1965年为《辞海》（未定稿）题写书名 / 20

1966年为蔡祖泉题词 / 20

20世纪60年代末录毛泽东主席"为女民兵题照" / 21

1973年为复旦学生会题词 / 22

信　函

1920年12月致启明（周作人）/ 25

1921年1月致胡适 / 26

1921年1月致启明（周作人）/ 27

1921年2月致启明（周作人）/ 28

1921年2月致钱玄同 / 32

1925年6月致柳亚子 / 34

1934年3月致周伯棣 / 38

1935年1月18日致舒新城 / 39

1935年1月24日致舒新城 / 40

1935年2月12日致舒新城 / 41

1935年2月13日致舒新城 / 42

1935年2月16日致舒新城 / 43

1935年2月21日致舒新城 / 44

1935年3月10日致舒新城 / 45

1935年3月11日致舒新城 / 46

1936 年 8 月致盛此君 / 47

1940 年 2 月 25 日致杜绍文 / 50

1940 年 8 月 16 日请校长室转杜绍文 / 51

1940 年 12 月致杜绍文 / 52

1941 年 2 月致校长室 / 53

1941 年 4 月致盛此君 / 55

1941 年 5 月致盛此君 / 59

1941 年 6 月致葛斯永 / 62

1943 年 4 月致伯华 / 63

1943 年 8 月致伯华 / 64

1944 年 4 月 15 日致章益 / 65

1944 年 4 月 15 日致章益 / 65

1944 年 4 月 16 日致章益 / 66

1944 年 4 月 20 日致章益 / 66

1945 年 4 月致子敦（金兆梓）/ 67

1946 年 6 月致章益 / 69

1948 年 2 月致子敦（金兆梓）/ 70

1948 年 5 月致杨兴炎 / 71

1948 年 7 月致伍蠡甫 / 72

1948 年 7 月致章益 / 73

1962 年 12 月致叶永烈 / 74

1964 年 1 月致周扬 / 75

1973 年致郑振乾 / 76

1976 年 4 月致王晶尧、王学庄 / 77

学术研究文稿

（一）授课用讲义文稿

第一部 修辞学科补充讲义——"的""底""地"分用法（1935 年 9 月桂林师专讲课用）/ 81

一、"的"字——作两种用法 / 82

二、"底"字——用作介词表示领摄（指前名说），表示所属（指后名说）/ 84

三、"地"字——用作副词的接尾 / 84

第二部　中国文法研究（1935年9月桂林师专讲课用）/ 85

中国文法的一般概念 / 87

第一篇　词论一——名词 / 128

第二篇　词论二——代名词 / 142

第三篇　词论三——动词 / 156

第四篇　句论——"实体词"的"七位"说 / 202

第五篇　词论四——形容词 / 235

第六篇　词论五——副词 / 257

惯用定准辞调查（文法调查表之一）/ 264

第三部　论理学讲义（1938—1939年在持志大学和1941年在复旦大学讲课用）/ 269

假言命题和选言命题 / 271

归纳 / 299

第一篇　概论 / 299

第二篇　观察和试验 / 302

第三篇　比较和归类 / 309

命题变换法 / 315

定言三段论式 / 323

三段论法 / 341

思想概论 / 343

判断的对当 / 345

命题的变式 / 348

三段论式 / 355

概念 / 385

假言三段论式 / 390

（二）出访讲学和片段研究手稿

出访讲学手稿

1964年4月19日在杭州大学的讲学稿 / 393

片段研究手稿

试论助辞（下）/ 415

文法新论 / 425

1973年为《因明学》重印写的前言 / 439

学习马克思列宁主义、毛泽东思想 / 440

怎样研究文法、修辞 / 443

谈中国语言学和语言的现代化 / 450

单词在句中的用法 / 457

有和是　主辞和对辞　意义与意指 / 491

"的"字的用法 / 496

略论辞词和辞词的分类 / 499

讲 话 手 稿

复旦大学五十一周年校庆节暨第三次科学讨论会开幕辞（1956年）/ 509

关于改进学校工作的几点建议（1957.4.26）/ 516

1962年9月3日在迎新大会上的讲话 / 521

庆祝建校五十八周年及第九届科学报告会讲话 / 529

编后记 / 538

第三部

论理学讲义

(1938—1939年在持志大学和1941年在复旦大学讲课用)

1. 假言命题和假言三段论法

逻辑里命题共有三种，相应的论法也共有三种，如下：

定言命题……定言三段论法
假言命题……假言三段论法
选言命题……选言三段论法

以前所说的命题都是定言命题，论法都是定言三段论法，因为定言的命题，论法是最常见的，通常就将"定言"两字省去，单称命题，单称三段论法。如今要讲的，假言的命题论法，选言的命题论法，却决不能省，以免跟定言的相混。

假言命题，选言命题都是复合命题。从句子来说，定言命题如"甲是乙"或"甲不是乙"，都是简单句子，而假言命题，选言命题却都是些复合句子。现在先说假言命题。

假言命题就是文法上的所谓假设语句。通常由两个部分构成。个中一部分含有"若是"，"假如"，"倘若"，"设或"，"如果"等假设连词。如说："如果天下雨，地下就湿。"这个假言命题就是由含有"如果"的，"如果天下雨"这个前句，和"地下就湿"这个后句而成。这个前句在论理学家名叫前项(antecedent, 点译前件, 前立, 前言)；这个后句名叫后项

<u>高必贞苏派泽平实用逻辑　太西论理学　潘梓年泽琼斯逻辑</u>
　　(页66)　　　　(页107)　　(页163)

(consequent, 点译后件, 后立, 后言)。全句的意思是说，其一条件(天下雨)有其一后致(地下湿)。所以所谓前项实际是一个记述条件的小句，而所谓后项实际是一句记述在这条件下成下的事物关系的小句。随便哪一个小句都就是一个定言命题。用记号表示起来，就是：

　　如果甲为乙则丙就为丁。

凡是假言命题都是这样，由两个部分构成：前一部分由一个定言命题（甲为乙）做前段，记述条件；后一部分又由一个定言命题（丙为丁）做後段，记述出在这条件下成立的事实关系。

我们的三段论法如果是用这样一个假言命题做它大前提的，这个三段论法就叫做假言三段论法。

定言三段论法是以大中小三概念的关系做根据，这假言三段论法却看它前後项所指的事实是否存在来推断。这前後项存在不存在可能的变化一共有四种，就是
(1) 前项 存在 後项 存在
(2) 前项 不存在 後项 不存在
(3) 後项 存在 前项 存在
(4) 後项 不存在 前项 不存在

所以论式也一共有四种，但这中间只有二种推论是稳当的。我们且将四种论式畧加检查：

(1) 如甲是乙，则丙是丁。　　　如果天下雨，地下就湿。
　　甲是乙，　　　　　　　　　天下雨，
　　故丙是丁。　　　　　　　　所以地下湿。

(2) 如甲是乙，则丙是丁。　　　如果天下雨，地下就湿。
　　甲不是乙，　　　　　　　　天不下雨，
　　故丙不是丁。　　　　　　　所以地下不湿。

(3) 如甲是乙，则丙是丁。　　　如果天下雨，地下就湿。
　　丙是丁，　　　　　　　　　地下湿，
　　故甲是乙。　　　　　　　　所以天下雨。

(4) 如甲是乙，则丙是丁。　　　如果天下雨，地下就湿。
　　丙不是丁，　　　　　　　　地下不湿，
　　故甲不是乙。　　　　　　　所以天不下雨。

以上四式之中，(1)(4)两式是正确的，因为前项必定跟来後项，所以

既然
前项存在，后项就也应该存在，这就是(1)式，如果前项并不存在，后项也就应该不曾存在，这就是(4)式。根据这种情形，制成通则：

肯定前项，便也可以肯定后项；否定后项，便也可以否定前项。

此外还有(2)(3)两种论式，是不正确的。(2)是否定前项，也就此否定后项的。其实前项不存在并不见为后项也就不存在，因为后项所从来，不限定前项所举的一件事，还此而外还可以有其原因也。即以前章实例来说，天下雨，并不是地下湿的唯一原因，故所以这一原因就使不存在，尚有别的原因如水夫撒水或河水泛滥等发生时还是可以使地下含湿也。故否定前项并非就可否定后项。(3)是肯定后项就此肯定前项的，这也是不正确的论式，因为后项虽也存在，但其存在或许是由於本前项以外的原因，而非由於本前项，故不能即将本前项也加以肯定，再以前章实例而说，地下即使湿，地下湿的原因也有很多，并不限於天下雨，怎能断定就是天下雨，不是别的原因，比如水夫撒水，河水泛滥等如此？故肯定后项就此肯定前项，也是不正确的。根据这两个例，我们又可以制成一个反面的通则如下：

否定前项或肯定后项是不中用的推理

(附註)这所谓不中用是指一般的情形说的，如果遇到特殊的情形，即前项是后项的唯一的原因时，则从上面说此也可看出应该除外，仍可照(2)(3)两式得出正确的结论。以某他的例来说，加上如果一个三角形是等边的，它就是等角的，这就可以说，L这个三角形不是等角的，所以它不是等边的(3)式；也可以说，L这个三角形是等边的，所以它是等角的。

假言三段论法除了前述的由单一前提用假言命题的之外，还有两个前提都用假言命题的。如：

如甲是乙，则丙是丁。　　　　如恶疫流行，死亡的人就多。
如戊是己，则甲是乙。　　　　如公众卫生不讲究，恶疫就流行。
∴如戊是己，则丙是丁。　　　∴如公众卫生不讲究，死亡的人就多。

论理学家为辨别这一种跟前述的那一种差别，就把前述的那一种，一个前提是假言命题，另一个前提是定言命题的，叫做混成假言三段论法 (mixed hypothetical syllogism)，把这一种，两个前提都用假言命题的，叫做纯粹假言三段论法 (pure hypothetical syllogism)。

练习题：如果天气好，则他将出去。
他如富有同情心，他就该救侨同胞。
一个人如不

在寻常的论理学书中，都把假言命题看作定言命题截然不同的另外一类，其实互相转变，非不可能。一个假言命题常常可以改成一定言命题，而意义仍无任何出入。前试以例表之：

假言 ｛如果温度降到零度，水就结成冰。
　　　现在温度降到零度，
　　　所以水结成冰。

定言 ｛凡温度降到零度的水，都结成冰。
　　　现在这水温度降到零度了，
　　　故这水结成冰。

有时假言命题转变，须将原有用语，稍为改动，才可变成定言命题。你要举例如下：

假言 { 如果气压低降，则暴风雨要来
       现在气压低降，
       故暴风雨要来

实言 { 气压低降的时候就是暴风雨要来的时候
       现在是气压〔低降〕的时候
       所以现在是暴风雨要来的时候

2. 選言命題和選言三段論法

選言命題就是多中選一的辭的，在文法上名叫選擇句。常有選擇連詞「或者…或者」，「還是…還是」，「不是…就是」，「非…即」，「不然」，「否則」等跟著它。所謂多，多到多少呢？這並沒有定。不過決不能少過兩項。因為頂少要有兩項才可以挑選。如說：

　　甲是乙，否則就是丙。　　　　這天要下雨，否則就要下雪

這顆是一個最簡單的選言命題。凡是三段論法，用這種選言命題做前提的，就叫做選言三段論法。選言三段論法就是在第二前提中，肯定了或否定了這兩樣中的一樣，在結論中，就否定了或肯定了其餘一樣的一種論法。

「甲是乙，否則就是丙」這个命題原是甲到底是乙還是丙，就並不可知，卻必在乙和丙中間選取一樣的意思。所以是乙，就不是丙；是丙，就不是乙；不是乙，就是丙；不是丙，就是乙。所以用「甲是乙，否則就

(反過來說)

是丙」這个選言命題做前提的，乃有下列四種論式：

(1) 甲是乙，否則就是丙　　　　這个天要下雨，否則下雪
　　甲是乙，　　　　　　　　　天要下雨
　　所以甲不是丙　　　　　　　所以天不下雪。

(2) 甲是乙，否則就是丙　　　　這个天要下雨，否則要下雪
　　甲是丙　　　　　　　　　　天要下雪
　　所以甲不是乙。　　　　　　所以天不下雨。

(3) 甲是乙，否則就是丙。　　　這个天要下雨，否則就要下雪
　　甲不是乙，　　　　　　　　天不下雨
　　所以甲是丙。　　　　　　　所以天要下雪。

(4) 甲是乙，否则就是丙　　这个天要下雨，否则就要下雪
　　甲不是丙　　　　　　　　天不会下雪
　　所以甲是乙。　　　　　　所以天要下雨。

这种式子都是有力量的。唯一的危险是在大前提内。如果多中选一的话，那结论就不可靠。而要可以多中选一，必须甲不会同时是乙，又是丙，甲又不会是乙或丙以外的什麽东西。所以要选言三段论论断正确，选做前提的选言命题必须～符合下列两条规则：

(1) 选言命题的谓语，必须互相排斥而不至混。
(2) 选言命题的谓语，必须包罗主语所概涉的全部事项，没有遗漏。
　　　　　　　　　　　　　　　　　　　　　　　就是详尽。

选言命题如果具备这两个条件，那选言命题就是完整的，不然，就是不完整的。以不完整的选言命题为前提来进行推理，结论便不免谬误。例如：

　　这三角形是等边三角形，否则就是直角三角形
　　这三角形是等边三角形
　　所以这三角形不是直角形。

这就是违背第一规则所生的谬误。因为三角形是可以是等边三角形，又同时是直角三角形的。又如

　　龙潭有都是男子，否则都是女子。
　　现在龙潭的不都是男子。
　　所以都是女子。

这又是违背第二条所生的谬误。因为还有"有男有女"一种情形未曾包罗。

练习题：某人的学问业成就是由於天生聪明，刻苦用功。(完全)
　　　　那书是红色，还是绿色。(不尽)

7.

选言推理除了前说的选言肢只有两个的而外，还有更複杂的，选言肢在三个以上的，例如：甲是乙，否则就是丙，否则就是丁……了。这种命题肯定了一个，就是否定了其餘几个；但否定了其中一个，却只能归到一选言命题，在餘下的几个中选择一个。如

甲是乙，否则就是丙，否则就是丁。
甲不是乙，
所以甲是丙或是丁。

这还是互行选择。

练习题：
此案適用《法弟 条式 条，或 条。

选言三段论法可以分为肯定式和否定式两种（affirmative mood and negative mood），肯定式亦称建立体（constructive mood），否定式亦称破除体（destructive mood）。现在各举一個複杂的选言论法为例：

建立体 { 季节或是春，或是夏，或是秋，或是冬。
现在是春
所以现在不是夏，不是秋，不是冬。

破除体 { 季节或是春，或是夏，或是秋，或是冬。
现在不是夏，不是秋，不是冬。
所以现在是春。

3. ~~模稜体~~ 两端论法

两端论法 (dilemma) 旧译作两刀论法，亦称双肢体，中谟又有人译作模稜体，这几个名词在中国都相当流行，现在依照实用逻辑译作两端论法，因为它最切题。两端论法是一种比假言论法，选言论法更加複杂的论法，是把假言命题和选言命题合在一起的论法。每一个两端论法，都以两个假言命题做它的第一前提，以选言命题做它的第二前提，从中归出结论来的。那两个假言命题常取左右夹攻或前後兜击的形势，使论敌无所逃遁，而旁观者又觉得很是有理，故长於辩论的人常拿来运用。

两端论法有结构比较简单的，有结构比较複杂的。简单的是第一前提的两个假言命题中，或是前项或是後项，有一项相同的，这就叫做简单两端论法 (simple dilemma)；複杂的是两个假题前项後项全都各别，没有一项是同一的，这就叫做複杂两端论法 (complex dilemma)。两类之中又各可随其第二前提是选言地肯定前项，或是选言地否定後项，形成为建立的或破除的。两两相合，共有四种形式，如下：

(甲) 如果甲是乙，则丙是丁；又如戊是己，则丙是丁。
　　甲是乙，否则戊是己。
　　所以丙是丁。

这个论式，它的後项（丙是丁）是相同的，所以就是所谓简单的，又其第二前提是肯定第一前提的前项的，所以就是所谓建立的。合而名之，曰：简单的建立的两端论法。(simple constructive dilemma)

如教育是教授有用的知识的，那教育就是有价值的，如教育是训练健全的精神的，那教育也是有价值的。
而教育不是教授有用的知识或是训练健全的精神的。
故教育是有价值的。

(2) 如果甲是乙，则丙是丁；又如甲是乙，则戊是己。
但丙不是丁，否则戊不是己。
∴ 甲不是乙。

他如其是一个教育家，他就应该会理
教务；他如其是一个教育家，他就应该会
教书。
他不是不会理教务就是不会教书。
∴ 他不是一个教育家。

这个论式，前项是相同的，所以也
就是所谓简单的，又第二前提又是否定
第一前提的后项的，所以就是所谓
破除的，合而名之曰：<u>简单的破除的两端论法</u>（simple destructive dilemma）。

(3) 如甲是乙，则丙是丁；又如戊是己，则庚是辛。
但甲●是乙，否则戊●是己。
∴ 丙●是丁，即庚●是辛。

（周公使管叔监殷，管叔以殷畔）
知而使之，是不仁也，不知
而使之，是不智也。
但周公非不知而使之，即知而
使之。
∴ 周公非不仁，即不智。

这个论式，两假言命题，前后项没有
一次是相同的，所以就是所谓複新的。
又第二前提是肯定第一前提的前项的，
所以又就是所谓建立的。因此名叫<u>複雜的建立的两端论法</u>（complex constructive dilemma）。

(4) 如甲是乙，则丙是丁；又戊是己，则庚是辛。
但丙不是丁，或庚不是辛。
∴ 甲不是乙，即戊不是己。

他如是仁者应该去做，他如是智者应该
知道。
他非不做就是不知。
∴ 他不是仁者，或不智者。

这个论法，前后项也没有一项是相同
的，就点是所谓複雜的，又第二前提又是否定第一前提的后项的，故与

10.

是所谓破除的，总名叫做复杂的破除的两端论法。(complex destructive dilemma)。

以上一共四种论式。有两种论式，它的第一前提是简单的（前项或后项相同），它的结论也是简单的（定言命题），如(1)(2)。有两种论式，它的第一前提是复杂的（前后项都不相同），它的结论也是复杂的（选言命题），如(3)(4)。

四种论式，都在使人陷入两难，故总称两难论法。方因他都是要使敌人承认它的第一前提，一承认它的前提，则须两者之中选择其一，而选择任何一次，都将承受不利。所以好像左右夹攻，颇是一种有力的战术。但这种战术，虽是有力，颇不容易运用。原因在不容易替两端论法找出一个真正合式的大前提。假若不然，找出一个真正合式的大前提，则你用两端论法夹攻过去，人亦可以用两端论法夹攻过来。如古雅典的一个女人劝戒她的儿子不要参与公事，她说，不要参与公事，因为如其你公正，别人就会讨厌你，如其你不公正，神祇就会讨厌你。排成论式，是：　如其你公正，别人就会讨厌你，如其你不公正，神祇就会讨厌你。
　　　　但你是公正，否则我是不公正。
　　∴别人讨厌你或神祇讨厌你。

亚理斯多德听了这段话，就替他回答道：我正应该参与公事，因为如其我公正，神祇就会欢喜我，如其我不公正，别人就会欢喜我。论式是
　　　如其我公正，神祇就会欢喜我，如其我不公正，别人就会欢喜我。
　　　但我是公正，或是不公正。
　　∴神祇欢喜我，或别人欢喜我。

这样往回夹改，实际是两效俱备。因为两方都是论式上有缺点的，这边这样改回，那边仍旧可以用原式改转。

否定缺点，有下列几点应该注意：

1. 大前提中，前项对于后2项，必须真有相从的函关系的。否则，不成其为假言命题，因而也就不能推理。
2. 小前提中选言的事项必须是真有选言的性质的，即：必须包罗全部事项没有遗漏，而且它的范围是互相排斥的。

练习题：

1. 他的病如果是会好的，那就无须服药，如果是不会好的，那就无用服药。——他的病或是会好的，或是不会好的——故结婚是无须服药或无用服药。
2. 如人民的知识已经发达完全，那就无须教育，如人民真是愚味不化的，那也不必教育。——人民们的知识到底是完全发达了呢还是愚不可化——故无须或无作教育。

破除两端论法的方法：

要破除两端论法，只要从上列注意的反面去找求，只要找得出不合上列注意处便行。这样破除的方法有三种：1，否认假言命题中前2项和后2项的关联；2，否认选言事项没有遗漏；3，用一个可以得到跟原来的结论完全相反的结论的两端论法去破坏原来的两端论法。

(1) 否认假言命题中前2项和后2项的关联 例如：

知而使之，是不仁也，不知而使之，是不智也。

在这例中，假如有法否认「知而使之，是不仁」或有法否认「不知而使无论何时出门，皆应携伞，因天晴可以蔽日，天雨可以蔽雨故。
此论所主还言殊未完全。盖晴雨以外，尚有阴云而不雨时；且晴朗之
夜间及朝晚，既不暑日，亦不虑雨，更无携伞之必要也。

之是不智」，便可破了原来的结论。孟子是採用了代一法。（见孟子公孙丑下）

(2) 否认选言事项没有遗漏。例如：

如果天热，人就难受；如果天冷，人就难受；
天或者热，或者冷，
所以人总难受。

这里「天或者热，或者冷」这一命题我们可以否认；我们可以说「天可以不热不冷」，那就是说热和冷不是没有遗漏。既然如此，我们就不能得「总是难受」的结论，而原来的两端论法就不能成立。
（两练习题亦可述属此类）

(3) 用一个可以得到跟原来的结论完全相反的结论的两端论法去破坏原来的 ~~两端~~ 两端论法。这差不多是所谓「即以其人之道，还治其人之身」。雅典妇人的例就是一个出名的例。还有一个出名的例是普罗塔哥拉斯（Protagoras）和他的一个学生打官司。普氏是一个诡辩名家，有一个人向他学辩论术，订定合同：(一) 普氏教那学生辩论术；(二) 毕业时先付一半学费；(三) 其馀一半须等打胜官司时给付。毕业时那个学生並未去闹过诉讼，其馀一半因就抱欠未回付。普氏等得不耐烦，就在法庭上告了那个学生一状，说那学生无论如何必须付清学费，用的是下面的两端论法：

如其他胜诉，则他应当按照原来的合同，付清学费；如其他败诉，则他应当遵从法庭的判断，付清学费；
他或者是胜诉或者是败诉，
他总得付清学费。

那个学生 ~~题~~ 说无论如何不必付清学费，他提出和以上完全相反的两端论法：

13

如其我胜诉，则我可以违背法庭的判断不必付清学费，如其我败诉，则我按照原来的合同可以不必付清学费；
我或者是胜诉，或者是败诉，
我都不必付清学费。

以上所表示的是：如果一个两端论法还有一个跟他相反的两端论法，则原来的两端论法不能成立。上面普氏所提的两端论法中最显而易见的毛病，是引用两种不同的标准，一为原来的合同，一为法庭的判断。这两种不同的标准各有其利于普氏的可能，也各有其不利的可能；普氏取其前，而他的学生则取其后。如一致地引用两种标准中的任何一种，就不致有以上的毛病。

像这样的例很多，上面提过的雅典妇人的例也属此类。

还有好些书上说到的鳄鱼的例也属此类。那例说：一个鳄鱼捉了一个小孩想要弄死他。小孩的母亲对他说：「请我猜猜你的意思好不好？如果猜得对，你要把小孩还我」。鳄鱼说「好」。母亲说「你是不想还我的罢。」——这句话对不对？如其对，你要守约，把小孩还我；如其不对，则照你原来的意思，把小孩还我。无论如何，你乃把小孩还我。」鳄鱼说「不，我无论如何，不还；因为如其猜得对，——那我原来不想还你，所以我不还；如其不对，那我依照刚才的约，也可不还。」

还有一本书上（名学纲要页222）有一例：某甲云：「娶妻则负担增重，苦事也，不娶妻则无人嘘寒问暖，亦苦事也。故无论娶妻与否，莫非苦事」。某乙报之曰：「是不然；娶妻则有人嘘寒问暖，乐事也，不娶妻则负担不重，亦乐事也，故无论要与不要，要不可乐者」。

多端论式

两端论法，它的第一前提是由两个假言命题成立的。此外还有第一前提是由两个以上的假言命题成立的，这时第二前提的选言事项也相应地不止两个，而为两个以上。其名称看即个数而定。三个的叫做三端论法亦称三肢体（trilemma），四个的叫做四端论法亦称四肢体（tetralemma），五个以上的叫做多端论法亦称多肢体（polylemma）。推理方法亦与两端论法相似，不过较为繁複而已。今举一三端论以例下：

　　如甲为乙，则丙为丁；又戊为己，则庚为辛；又壬为癸，则子为丑；
　　甲为乙，或戊为己，或壬为癸，
∴ 则丙为丁，或庚为辛，或子为丑。

　　他若是智者，应知此事，他若是仁者，应爱此事，他若是勇者，应做此事。
　　他或是智者，或是仁者，或是勇者。
∴ 他应知此事，或爱此事，或行此事。

多端论法，普通少用，故平常的书大多不论。

4. 所谓不规则的三段论法

日常事例上除了上述合乎三段论法的规则的之外，还有规则似乎不合而~~结论精确不移~~在事理上倒也皆确然不错的，这在论理学上普通叫做不规则的三段论法（irregular syllogism）。

例如：

  甲在乙之东　　　　　　上海在汉口之东
  乙在丙之东　　　　　　汉口在重庆之东
  ∴甲在丙之东　　　　　∴上海在重庆之东。

在这三段论法之中，中介概念在大小两前提中并不一致，因而在这三段论法中，含有"甲"（或上海）"在乙之东"（或在汉口之东）"乙"（或汉口）"在丙之东"（或在重庆之东）四个概念，显然与三段论法规则只含有三概念的规则，但这推论仍是正当。这样的论式，因此也可以勉强化为普通的推论式，如说：

  凡在乙之东者为在以乙为东者（丙）之东。
  甲在乙之东。
  ∴甲在以乙为东者（丙）之东。

但终究纸勉强。

又如：

  甲比乙大　　　　　　英国面积比意大利大
  乙比丙大　　　　　　中国面积比英国大
  ∴甲比丙大。　　　　∴中国面积比意大利大。

16

这也在事理上毫无问题，但在论式上也不很规则的有四概念。

以上两例，一是关於方向的，一是关於大小的，都可以同样推测，没有错误。此外还有关於时间的关系，数量的多少的，也可以同样推测，不会发生什麼错误。要勉强改为合乎三段论法的规则的论式，也都可以同样的改造。

伽利略是在牛顿之前　　　　　　甲和乙跑得一样快
牛顿是爱因斯坦之前.　　　　　　乙和丙跑得一样快
∴伽利略是在爱因斯坦之前　　　∴甲和丙跑得一样快.

但如说：

甲是乙的朋友
乙是丙的朋友
∴甲是丙的朋友

或说：

甲是乙的父亲
乙是丙的父亲
∴甲是丙的父亲

便似乎是不正确的。为什麼前面的那些都正确，而这里的却不正确呢？这里含有一个含有一个主要性质的不同。前面的那些推论，都可以看作含有

甲对於乙有一定的关係
乙对於丙有同样的关係
所以甲对於丙有同一的关係

的性质。这性质名叫**推移性**(transitive)。推移性这个名词，现今有种种译法，有人称为传达性，也有人称为传递性。它在论理学上很重要，以前所有的~~普通的~~合规则的三段论诸所以正确，也全因为包那中间含有推移性的缘故。那里普通是平面图表示的，其关系是第一包含第二圆，而第二圆又包含第三圆，则此第一圆一定包含第三圆。像那"包含"关系就是有推移性的关系。至像现在的两例，一则不一定的，甲不一定是丙的朋友；一则是一定不是的，甲一定不是丙的父亲。

总上所述，推移性约可分做三种：

(1) "甲比乙大而乙比丙大，则甲一定比丙大"，"甲在乙之东，乙在丙之东，则甲一定在丙之东"，"加利略在牛顿之前，牛顿在爱因斯坦之前，则加利略一定在爱因斯坦之前"。"比…大"，"在…东"，"在…前"，这些关系有**正的推移性**。

(2) 譬如甲是乙的父亲，而乙是丙的父亲，则甲一定不是丙的父亲。如甲是乙的唯一亲信人，而乙是丙的唯一亲信人，则甲一定不是丙的唯一亲信人。如甲比乙长二寸，而乙比丙长二寸，则甲一定不止比丙长二寸。"父亲"，"唯一亲信人"，"长二寸"，这些关有**负的推移性**。

(3) "甲是乙的朋友，而乙是丙的朋友，则甲不一定是丙的朋友，也不一定不是。如甲~~赢~~赢了乙，而乙赢了丙，甲不一定赢了丙，也不一定不赢。又如甲借乙的钱而乙借丙的钱，甲不一定借丙的钱，也不一定不借。"朋友"，"赢"，"借"，这些关系有**无定的推移性**。

普通形式逻辑的推论都只限於含有正的推移性的类推。此外一概不加审理。至於辨别是否有正的推移性，则有待於常识或学识，不是由逻辑家来决定的。

18.

5. 演绎的谬误

以上所说，都是说的如何总是正，如今要说如何总不正。例如走路，一是指示如何走总对，一是指示为何走就不对，两者相待，而行，一定不致误入歧途。故凡研究论理者，既经晓得如何对，必觉同时如何不对。

想的不对，在论理上名叫 <u>谬误</u> (fallacy)。~~谬误就是双重查对~~

谬误有因思想混乱、感情激越等，不知不觉形成的，也有由于故作圈套，欺人耳目的。就是：(1) 是出于无心；(2) 是出于有意的。纶而这一种出于有意的或知故犯的谬误，论理上特称为 <u>诡辩</u> (sophism ~~或~~ 或 paralogism)。

演绎上谬误的种数很多，分类的方法也很多。现在姑且分作形式的，和非形式的两大类。所谓形式的，都是犯推理的规则而生的，如四端，中端不周延，大端非作用延，小端非另周延，等。所谓非形式的，列在这些形式规则之外，与严格的逻辑没有多大关系，是否好说它是谬误也很有讨论的余地，但实际上一个人思想中也许会有那些错误的情形，提出来讨论一下，俾大家思患预防，免致陷入，也不见得没有益处。这非形式的谬误约可分以下三种：~~中解释~~

~~1.~~ 1. 语意不明的谬误，(2) 语义纷歧的谬误，(3) 假设不当的谬误。

1. 语意不明的谬误 (errors of interpretation 或状解释的谬误)

严格的讲，语意不明是常事。因语言快不绝将心中意思表出，但上下连络 (context) 务必使它确定。上下连络不确定，便有

a. 文辞暧昧.

如笑话中的"下雨天留客天留人不留"就有两三种解释。又如论语的"民可使由之不可使知之"也有两三种解释。这样的构造，所以不止一个意义，若随取一个意义来阔阔加批评，便不免谬误。

还有构造上没有不明晰，而就其所构成的句子间或减轻或加重，也不免发生跟原意不同的谬误。这就叫做

b. 音节折扬

的谬误。例如:

我今不读法律书.

若重在"今"，则有以前或以后读法律之意；若重在"法律书"，则又有读法律以外的书之意。又如:

文王既没，文不在兹乎?

"乎"原为反诘辞，应重读，为孔子自信文在兹的意思；若轻读，则可信为感叹语，似在感叹天之欲丧斯文，而故令其及身而废者。又如梁惠王对孟子说:

贤者亦乐此乎?

孟子对曰:

贤者而后乐此，不贤者虽有此不乐也.

梁惠王所重者在"此"，孟子所重者在"贤者".

以上两项积不留心，便易发生所谓滥用名词或滥引成语的毛病。这在以前便是所谓割裂。

2. 语义纷歧的谬误

有时不止语意不明，尚且犯语义纷歧的毛病。这毛病也有三种。

a. 字义混诸

即用名不慎，其意义不能前后一致。此种谬误，以包孕于中端者为多。故逻辑书常特举中端之属于此种谬误者，而特[别]称谓中辞多歧一误。其例如

凡动物都不知创造工具，人动物也。故人不知创造工具。或有机体为动植物，社会为有机体，故社会为动植物。

这种谬误，就由于中端名辞字义多歧而起。前例在大前提中，动物係指较下等的动物，除人而言，是常识的意义，在小前提中，则为学术的意义，包括一切活动的生物而言，人亦在内。故意义不同。后例在大前提中，有机体是小前提中，意义不同，不与之相侔。乃一而用之，结论就不可靠。

b. 数量分含

有时一句话对于一集团的任何分子都可以说，而对于那集团的全体不能说。如果说，便有

甲含辜的谬误：如

3和5为单数
8是3和5
∴ 8是单数

凡人决不能举千斤之重
甲乙丙丁……一千人，人也。
∴ 决不能举千斤之重。

这里大前提中，都是指个别的，而小前提中是指联合的，以个别的前提推出联合的结论，便是含辜的谬误。

乙. 分授的谬误

与前一种相反。

三角形的内角等于二直角（联合）
A是三角形的内角（个别）
∴ A角等于二直角。

某学校成绩不好（联合）
甲是某学校的学生（个别）
∴ 甲成绩不好。

c. 一般与特殊混淆

这是不顾常情与特例所生的谬误。也就是混同本质的属性与浮现的偶有的属性所产生的谬误。故亦称为偶有属性的谬误。这种谬误又可以细分为二种：

(甲) 以一般推於特殊.

西洋论理学常用的例：

你食在市中所买的东西.
你在市裏买生肉,
∴你吃生肉.

大前提说吃在市中所买的东西，是一般状况，并未说怎样吃，而小前提则是一个特殊状况。以一般可说者而直用於特殊，所以就错了。

这类谬误时常发生，在论理上虽然说不过去，而在日常生活上却常会发生。如记住"身体髮受之父母不敢毁伤"的话，坚执有病亦不肯用刀，或髮长也不肯剪髮，便是此数。

(乙) 以特殊推於一般

这又是日常生活上常有人会犯的一种谬误。比方偶然有人吃了蛤死去，便相戒说谚，以为说谚必致死。偶然有人吃了神方病好了，便相劝吃神方，以为吃神方必可愈。都属此数。中国有一个所谓守株待兔的成语，那成语所表示的情境，也是象於这一类的谬误。成语出於韩非子(五蠹篇)："宋人有耕田者，田中有株，兔走觸株，折頸而死，因釋其耒而守株，冀復得兔，兔不可復得，而身為宋國笑。" 那可笑就在非但憑兒株(樹根在土上者曰株，入土曰根)的特殊情形推廣作為一般。

(丙) 以特殊批特殊

如同一音乐也，就乐者未必就箫，同一学问也，若於哲学者未必若於文学，若以其就琴即批其之就箫，或以其若於哲学，即批其之若於文学，便是此类谬误。

此类谬误在日常生活上還容易發現，若議論複雜，鈎索致遠，無意識間往往陷入之。

3 假設不當的謬誤

六 称無形假設的謬误，就是把 未經確定的命題 ~~假設~~ 假設作為已經证定的理論或事實，而近行论证的一種謬误。这種謬误可以大別為四項。最明显的一项是 或貌似依证，而其實不成其依证

a. 竊取論点 (Begging the question)

这又可分為兩種。其一，要证明一個斷案，而於所根據的理由中已假定誤斷案的真實。这就是普通所謂竊取論点。因為所要证明者已暗地取来放在理由中了，假如承認理由，則斷案已可不必证明，而理由 ~~~~ 卻常比斷案更其牽涉廣大，更其玄妙难以。~~~~ 於承認斷案之先，對於其所揭舉的理由，已有不可承認者在，必須先行证明。若不先行证明，而即據之以為理由，蓋与以物之有裏而证其有表者，直要以裏。於知有表之先，要由知其有裏。裏者對於表以為言者也。今假定其為裏，是立已假定其為有表。以有裏证有表，豈得謂為真正之论证，特竊取所須证明之論点，預放於理由之中，貌為给证明，而實未嘗為证明而已。凡一切以大帽子套人者多屬此類。如立憲國家，政黨大声疾呼評反對之所為，為不合憲法精神，不可不竭力改革。如果真不合於立憲之精神，自須鳴鼓攻之，但所謂立憲之精神究為何物，如何才算合於立憲之精神，尚欲闡

呀，先须预备证实。不然，则其所当之攻击到攻击，无非窃取论点而已。议会争论，陷于此种谬误者颇多，即论学论事，不知不觉之间陷入此种谬误者也不少。平常排斥异己者，往往会加以一个形容词。那形容词往往便是犯窃取论点的谬误。例如，有人关于音乐家和兼搭纳（Wagner）的歌曲作激底的概括说：现在没有一个音乐家是敬仰兼搭纳的。当说者被人笑话时，他可以答道，不错，没有真正的音乐家是敬仰兼搭纳的。如果他又被迫而加以区别什么是音乐家什么是"真正的音乐家"，他最后也许以为凡敬仰兼搭纳的都是俏音乐家，凡不敬仰他的是"真正的"音乐家。这样，他便窃取论点了。他自己也许不知道他的谬误，而旁人呐呐可以看出：这样，一个人能否称为音乐家，就要看他对兼搭纳的态度为何，由实际仍不过是说，凡音乐家都不敬仰兼搭纳而已。

其二，与普通的所谓窃取论点性质相同的，名叫循环论证。这是一种思想绕圈子的谬误。先举一个理由，以证明其断案，又借据断案，以证明理由，循环无主，莫可究诘。犯这种谬误的，前提往往不过是换了字面的结论。如说人是有意识的动物，因为他是有性灵的，就是循环论证。因为有意识就是有性灵。再如说，他不应该做这件事，因为这是不道德的。反问，为什么是不道德的？又说，他不应该做这件事？也是循环论证。当辩论简短时，每次防有这种谬误；如果两句话靠得紧，其意义同一就容易看出；但在一个长的辩论里，当第二句说出时，那第一句这样的话就许多不会胡记起，如不加以追问，即谬误就会发生。如性善论：

人之性善者也。何以知之？以其能发恻隐羞恶之心者知之。以其能发恻隐羞恶之心，何以遽知人性之善乎？以恻隐羞恶之心者，仁义之立端也。仁义之为善也又何故？以其本乎人之性也。

这样以仁义[⋯]以仁义本乎人性来证明性善，又以性善证明仁我善，便是一种循环论证，○○思想始终在一个圈子里，永远也绕不完结的。

D. ~~……~~（旁敲侧击）假託论旨

于所应当论证的不论，却论些不相干的东西，使人惊疑着去，好像他的论旨倒证成立似的。也是假设不当的谬误的一种。这种谬误就是普通所谓遁辞。~~……~~ 这种谬误也可以小分作几种：

（甲）诉于感情。~~……~~ 备述他人之种々状况，以诱起读者好恶爱憎之情，~~……~~ 因而攻击之或辩护之，以冀我论旨之成立，都属这一种。例如要攻击某人，而苦无佐证，便竭力述某人如何可恶，如何讨厌，○使人~~……~~ 不○知不觉以为某人真当攻击，又为某人辩护，也不问其事之有无，而但言其人之可怜可悯，以诱起读者○○情，都属这数诉之感情的论法。

（以引起听者之反感）

（乙）诉~~……~~〈人身反对论〉 不论其所欲反对的议论，而乃论其论敌之人格、宗旨、职业、行事；辩护也不辩护其所辩护的议论，而乃赞美其所欲辩护的人。这就是中国古话所谓以人废言，以言废人的谬误。○这种~~……~~人言混诸的谬误，在日常生活上常会发生。比方有人批评孔子。或许我会有人盛气凌人的说他：「你比孔子还好吗？」这种攻击便是犯了以人废言的谬误。

（丙）诉诸强迫 利用反对论之弱点，以为己说之保障，便属此数谬误。这往々是理事之混乱的一种表现。如某件在理论上当可做，而事实上因有某种阻碍不能实现，论者遂以事实上的未实现为理论上不能实现，便不免是诉诸强迫的谬误。

(丁) 诉诸权威。 己论理由薄弱，⊙因借名人的言论，或引古贤格言，以壮声势，都属这一类。名人言论，古典格言，原可尊重，但不见得就适合于此地此时的情境，也不见得全可受批判的接受。不问情境，不加批判，~~⊙⊙⊙⊙~~ 益不见得妥当。

(戊) 诉诸威吓 凡不论是非曲直，而只以权势压服论敌者，均属此类。

(己) ~~⊙⊙⊙⊙⊙~~ 诉诸事反诘.

c. 虚引声势（或称论证不足）

所举⊙例证，本不足以证明其论旨，却装作足以证明其论旨似的。这就是论理学上所谓论⊙证不足的谬误。这种谬误也可以小分为三种。

(甲) 隐蔽或闪避 专述于己有利⊙的根据，⊙而隐蔽于己不利的根据的~~⊙⊙⊙⊙~~。例如商店既招生意，力⊙言其价廉物美，而⊙於整久与否，合用与否，则避而不言，即属此类。

(乙) 比拟或例证 以外形相似之事物，取作例证，以证实其说。例如有人陆军与海军哪一样重要，做妓问答说：陆海军之於国防，如车之两轮，鸟之两翼，不可偏废。就是一例。~~⊙⊙~~⊙鸟当两翼两轮，只是一种比拟，并不能算是理由。比拟之确切不确切，须在陆海军之应是不应该並举一事证明之後，才能决定。现在反而用作理由，表面虽似甚当，实不足证陆海军之应並举由。

(丙) 误认因果 又有以所谓前後就是因果者，也是论证不足的一种。前後出现不一定就有因果关系。如以今年的瘟疫流行，由於去年的〇未曾迎神赛会，或以〇人生遭遇，由於生者八〇字，或祖墓的风水为何，都不免是一种误认因果的谬误。

α. 套問

凡人发問時有，表面似单一，而內容却含有多义，使人无論为何对答，都陷入圈套中者。这也是一种谬误，中間含有不应当的假设在內。如说：   论理上常用的例
   你现在总不打你的父母了吗？
这問無论你回答"是"或"不是"，都不免有过失。如说"不是"，则现在还在打，如说"是"，则现在虽不打，过去还是打过的也是有过失。这个例论理上常用，因中間实含有两个問題：一为"你打过吗？"，二为"你现在不打〇吗？"。回答者就第一問，可答曰不。就第二問，可答曰搗"是"。"不"所以表無打之事，"是"所以表無打之意。现在合两問为一問，所以答者無论说"不"说"是"，都不免有过失也。

歸納

第一篇 概說

1. 演繹與歸納

我們已在前面講述演繹時詳述從前提推出斷案的種種方法，及其應守的規則，但於前提如何成立，及斷案的又何證實，卻未道及。要前溯前提如何成立，及後測斷案是否可靠，不能不研究歸納法。

歸納法也稱方法論。意思是說：它是研究學問或是追求真理的一種方法。~~但常常作為輔助~~ 這種方法的要點，~~我們~~ 很簡單，我們可以總括為八個大字，就是：**取得知識—組織知識**。但其段落卻相當的複雜，取得知識有取得知識的各種應該注意的事項，組織知識也有組織知識的各種應該留心的事項，而且這些事項都須根據事實，根據經驗。故前胡適嘗用"拿證據來"來做口號，那便是一種歸納法上一種必然的趨勢。做歸納並非不用演繹，但演繹在這裡不過做一種輔助之用，主要的是在面對事實——去取得知識，又面對事實——去組織知識。

學問和常識

常識是根據經驗。學問也是根據經驗。在根據經驗的一點上，兩者並無不同。所不同者只是資料(data)的偏全，及~~蒐集資料的態度，與處理資料的~~ 方法的巧拙。愛因斯坦嘗說：學問不同於常識，只如一個老將的不同於一個新兵，學問的方法的不同於常識方法，只如衛兵的刺擊不同於野蠻人的運用其戈矛。兩人的力气是一样的,或许没有操练的野蛮人力气还强些。那优胜就在於衛兵的兵器銳利;眼有訓練,能够很快的看出敌人的空隙;手段敏捷,能够立刻捉住这个空隙,但卸刀的作用,到底不过一擊一扎,根本上並無不同。

3. 知識的開始

現在我们認为一切知識都開始於粘々具体事实的認識,故取得知識必须面对事实。以前或许会有生知,学知之辨,现在大概大家都主張,没有經驗不會有什麼知識了。

4. 自然科学与其他科学

5. 直接知识与间接知识

一

6. 知识的组织——第一步

第二篇 觀察和試驗

1. 事實和認識事實的途徑

學問的第一步，在於搜集資料（data），~~搜集~~資料 認識 ~~資料的途徑便是觀察和實驗~~ 所謂資料便是事實，搜集資料，認識資料的途徑便是觀察和實驗。

事實是什麼呢？事實是客觀地存在的東西。它跟只是想像的或意想的東西不同。只是想像的或只是意想的東西，也許客觀上並不存在實有，而事實一定是存在實有的東西。雖然我們對於它可以有種種的態度，或者歡喜它，或者憎厭它，~~……~~我們對於它也可以有種種的看法，或者用美學的方法看它，或者用倫理學的方法看它，但事實的存在不存在並不會因此而變。

認識事實的途徑有直接的，也有間接的。間接的方法比較多，例如記憶，例如別人的論證，例如自己的推斷，都是間接的，直接的方法卻只有一個知覺。

2. 知覺及其內容

知覺與感覺不同，感覺是各個感官的反應，如眼為視官，其反應為視覺，耳朵為聽官，其反應為聽覺等。其反應不過是心理的原素，而知覺卻是心對於一個東西或一件事情的一種反應，其內含有許多不同的原素，而這些原素的跑到心裏，也各有各的途徑。在反應中，假定受以前的經驗 ~~……~~ 的影響。假如這心在某範圍內經驗很少，則對於這範圍裏的東西的反應，就只有比較簡單的一個知覺。如某人對於柚子，只是見過的，摸也摩過，只是吃過，他的知覺就沒有味的影子，和瞎子的知覺裏沒有顏色或其他視覺方面的影子一樣。

一件東西每在新的情境中感覺一次，總要加上一些東西，這加上的，多少要把将来的知觉改变一個樣子。感觉官的知觉是逐漸建築起来的，從一個含糊的，不確的知觉，逐漸成为一個比較嚴密比較完備的知觉。

3. 知觉的錯誤及其原因

我们平常把知觉當作正確的，錯不了的知識的来源，所謂親眼看見，幾乎算是鐵证的代名詞，便是從此而来；其實知觉也是免不了会有錯的。前面說過的，知觉要受經驗影響，便是一个錯的根源。此外還有別的根源。因此，知識所顯现的第一形式就是容易發生錯誤：就是有錯誤的知觉。

知觉的錯誤有幾個型式？那主要的原因是什麼？那型式普通說是兩個：一個叫"看錯"，一個叫"沒见"。看錯有兩種：一是把物体上本来沒有的東西加到知觉裏去；一是把各部分的位置看錯，如誤"如何"为"如何"。自然，這兩種看錯会同時出现，就是"沒见"也会同時出现。於是錯誤就一共有了三種：就是<u>忽略，增加，及錯排各部分的位置</u>。它们在知識的隨便哪一個步驟裏都会發生，在隨便哪一個步驟裏会發生的也只有這幾種錯誤。

單就知觉而論，它们的原因是什麼呢？<u>耶芳斯</u>(Jevans)所引<u>培根</u>(Bacon)的那段話，可以引起我们注意錯誤的一些原因。他說："東西所以能逃掉我们的感官，是因为那物体的量不足以打動我们的感官，如一切細物；是因为那物体的刺激太大，我们的感官對它不能持久，如正午的太陽；是因为時間不夠久，所感不能正確，如空中流彈和點着的香的急轉，嫌它太快，而普通時鐘上的時針，又嫌它太慢；是因为距离太遠，如各種天体的大小，及一切遠物的大小和形狀；是因为被他物湮沒，如一種強烈的香味能使同房間裏的其他香味聞不出来；是因为有所間隔，如動物的內部；是因为東西不適合於引起感官的印象，例如空氣或各種動物含有的那種看不见摸不着的精灵。

各種錯誤的原因可以類別如下：

一、**物理的條件**　物理的或說外界的條件不相宜是我們知覺所以錯誤的一個原因。如在紅光或綠光底下，物體的顏色就看得不準確；如光線太弱，細微處就看不出來，又如從不平正的玻璃看出去，物體就會跟出許多的奇形怪狀來。這都由於中介不適宜引起來的錯誤。

二、**生理的原因**　我們官覺的力量不但有限，而且常常會發生錯誤。如細微的聲音聽不見，便由於官覺的力量有限。如電影中的人物繼續活動，便由於我們對於一件事情發生的時刻，總是感不準確，總是差錯。要看見一件東西必須那東西的光亮傳到我們耳邊一刹那經我能看見，而一件東西已經消滅了，而我們的官覺上還往々會留有印象。這便使我們的官覺不純跟外界的事象適合。故我們會把一張一張的影片看成活動影戲，會把旋轉的香火看似一個火圈。

三、**心理的原因**　除了物理的，生理的之外還有心理的錯誤，這心理的錯誤有種々。(a) **慣常的傾向**就是我們常有看見從前在同樣情形下看見過的東西的傾向。所謂「校對人的錯覺」，就是一例。我們讀書時，常會順著文勢覺得後來的必是某一個字，那後來的就使錯了，如果不甚錯得太明顯，往々就會看不出來。如排作「病入青盲」的往々會把它作「病入青肓」忽畧過去，「在這階段中」也往々會把它作為「在這階段中」忽畧過去。此外如「充」「无」等，也會有同樣現象。校自己的文章，容易校不出錯字來，也是同樣的緣故。還有一種

(b) **側重的傾向**也容易引起錯誤。培根所謂「人每々記得他的所有，而不記得他的所失」，便是這類傾向中的一個現象。又如忙時覺日短，閒時覺日長，也可以說是這傾向中的一種現象。這些現象都是由於心理失了平衡而起。平常所謂**成見**，也是心理失了平衡，有成見的人常々容易犯偏欹的錯誤。

(c) ~~成見~~ **欠注意或錯注意**　以上兩種傾向都會因欠

注意或错注意而增高。不注意的读者会看不到印错的字，满肚心事的读者也会看不到。幻术家和旧式的巫师就利用别人这些倾向，来抱愚他们的技巧。他们把人家的注意引到无关轻重的事情上去，使得他们可以趁机做那重要的不让人注意的事情。每逗引人去预期某件事情的发现，他们就常常的使夺见的人相信的确见到某事情是这样那样的成了。还有

(d) 缺少训练　也可以使知觉不到准确。如辨声音，分颜色，没有训练的人多不到那情分的风。

(e) 心理异常　如喝了毒素剂所发生的神经兴奋，也会改变了知觉锐利和准确的程度，有至变为幻虚觉。

这种种的原因，物理的，生理的，心理的，往往纷纭糅陈，要辨别哪个是主，哪个是从，决不容易。

4. ~~觉觉觉觉觉觉觉觉觉觉觉~~ 观察

细心而有计画的注意，可以免除许多错误。一个细心而有计画的知觉，就叫做花记观察。

观察必须尽量设法免除以上种种可能的错误。如 1. 有相当的训练，则凡由于缺少训练而来的错误便不致障害我们。2. 按步观察，把所要观察的现象，分作若干部分或若干方面，有计画的分其（方面）轻重，按其缓急，按步分面作必要的观察，则所谓由于惯带或偏重的倾向而来的错误大使已不容易发生；若再加以 3. 多数人共证 检查是否我所观察的和别人对于同一或同样事实所做的观察相一致，当更可以保证无误。至于若干特殊的学问，如天文学或文科中的音韵学，还可以用 4. 仪器的帮助。有了仪器，我们就观察不到的东西，也可以观察了。这样，倘再特别的细心，有可以观察需要多不厌求事详的再三再四观察，使偶然夹

新的错误可以逐渐汰除，不但可以保证观察减少有错误，还可由此扩充我们所观察的事实的知识。

5. 试验

有时的要作再三再四的观察，可以特别设计，作人力管理下的观察，那就是试验。试验和普通观察的不同，不过在一是观察自然发生的现象，一是在人力管理之下，把能够产生结果的各个情形加以改变，或者增加或者减少，以便它便于观察，而此而从事观察罢了。其性质和普通观察並没有甚么的差異，凡是在观察上所说的种种注意，在试验上也都可以适用。

观察和试验的不同，只在一循自然，一用人力。有人拿用仪器和不用仪器来做试验和观察的差别，其实不很适当。如天文家观察日月星辰的行动，须用望远镜，实际还是观察。又如气象学家用雨量计风向表来测量风雨，实际也还是观察。但天文学家选择一定的空间时间以观察星的变位，气象学家爬高山坐气球以观察气压的变化，也可以说是试验。这中间的分别，並不在仪器的用不用，而在用不用人力改变观察的情境。

试验是改变观察的情境的，是人造情境底下的观察。那要造成的情境，为便於观察起见，普通会有下面几个条件：1. 把复杂的观察改作简单化，就是把复杂情境减除了，以便容易找出有关的情形来。例如拿两木摩擦生热来说，和这个简单试验有关的情境有多少呢？木头的形状、硬度、组织及其化学性质；摩擦的压及速度；四圍空气的壓力、温度，及其化学性质；地球的吸力与電力；摩擦者的温度与其他性质；太阳及天空的輻射；云中的電氣及天空星体的位置，都不得不计及。我们须把一一无关紧要的事情除去。譬如我们疑心空气和摩擦有关，於是我们就在真空中试验，若是仍旧生热，那末我们就可以说空气没有关係，把空气除开。再如我们疑心热的来源，由於周圍物体的作势，就是我们可以设法使周围的热不传到摩擦体上，如竺可桢用冰摩擦就是一例。照这样逐一把似乎有关而其实无关的都除开了，就能得到真正的结果，谈热是摩擦给力所生的。2. 把不容易看见的化成容易看见。如要研究生物学，若专靠天然界的观察，不容易得到所要的情形，而且所需的时间也太长，若用家畜或种植来试验，就可以随意布置，在短时中得到结果了。这是嫌太慢的，此外太快而不容易看清楚的也可设法使它变慢。例如急速的动作可以用照像快镜摄成一个小时象便是一例。

假如可以试验，就研究上很是便利，不过现在还不能各种学问都加试验，比在天文历史等科，大都还是专靠观察。物理化学等科，则注重试验；至于研究心理的人，以前专靠观察，如今已经到了兼观察试验并重。

6. 得到事实的间接方法

除以上直接得到事实的直接方法之外，还有一些间接方法，平常研究学问时也用。那方法约有三种：

(1) 记忆 记忆在研究上很重要，就是知觉里也不免有记忆的分子掺杂在内。但记忆也容易错误，有许多东西会忘记了，忘记就等于观察方面的遗漏。又有些东西是前后颠倒，或次序记错了，这就等于观察方面的看错。在记忆里，所谓记错，也不但是会把次序记错，还会把彼此相互的关系加以改变，并且会掺入新的分子。

常常会错记的事情约有下面这几样：

1. 观见过的事情会记作见过。
2. 看见过的事情往往会把它记成比原来的完全些，更逻辑些，或跟自己的主张或私见更接近些，或跟所期望或惧怕的更调和些。
3. 特别快活或特别不快的事情比中性的更会记得牢，因此往往会发生以偏概全的毛病。

4. 這一個的說話或事情往往會記到別一個人的身上去。~~……~~

記憶也要細心而有計畫，可以免掉許多錯誤。

有筆錄可用的地方，記憶可以靠但不重要的多（以關於過去的知識而論），在現象發生當時的記錄，是一切具體科學的重要資料。

(2) 論證　　書面的和口頭的報告組成所謂証據的大部分。除此之外，還有支持歷史的故迹，如人類活動的遺跡、遺物等，也要包括在証據範圍之內。証據可以說是很多一過去的東西，現在再由看不到的東西。使用証據題也會有批判。

論証包括一切人對於事實的陳述。運用論証，可以陷入錯誤的機會非常多。

1. 陳述人在觀察所陳述的事實時已有許多錯誤的可能。
2. 他的記憶也不一定靠得住。
3. 他所用的字眼也不見得確如他心裏所想的呈現在我們面前；也許是他用得不準確，也許是我們理解得不準確。
4. 他或許會弄錯誤，把未曾見過的說是見過，把曾見過的說是未曾見過，或把見過的說得不切實。

這些難至，無論口頭的書面的都是~~……~~有的，在書面上用的還要多些。也許述者並不錯，抄寫者、印刷者，或是編輯者，竟把它弄錯了。

審查口頭的報告，可用「考問」方法以試驗其是否可靠；在書面論証更相需於這個方法的，是同時人的著述相互參証，不能參証的，那論証就不大可以信任。

(3) 推測　　從各種事實繹出的推論，也是會有錯誤的，那最後的試驗還是看和我們其餘的經驗是否一致，是否符合，或其不一致不符合是有甚所以不一致不符合的緣由。

第三篇　比較和歸類

1. 比較

上篇所說是蒐集事實的事項。那些事實跑入經驗，差不多全是紛亂沒有次序的，就是在記憶中再現的時候，也往往還是不大有條理，不大有眉目。這樣的事實於學問上功用並不大。因為學問並不止在要知道各個單獨的事實，還須要見事實和事實的關係。所以第一步必須把事實來整理過。把它整理得同異分明，彼此不亂。這種初步的整理工作，便是普通所謂分析作用。

比較 (Comparison) 是分析上常用，而且會不知不覺地用它的一種方法。譬如我們看見一隻鯨魚，在熟知動物學的人，拿它來跟獸類的性質相比較，說它是哺乳的獸；在未受教育的人，拿它來跟魚類的性質相比較，說它是魚類。他們的結論，就判不同，但總是離不了一個比較作用；他們知識程度的高低，也就隨著他們比較作用的精密和粗疏而分。可見比較作用的重要。

關於比較作用，我們應該注意的，是求事實的同異，不應該事事計算同異點的多少，而須稱量同異點的輕重。譬如鯨魚和魚比較，它的相同點恐怕比獸還要多，但是它最重要的，是胎生而且哺乳，只這一些就把它歸入獸類了。

2. 歸類

由比較而歸類 (Classification)，本來是一貫的事情，因為我們在比較的時候已經先有歸類的觀念了。不過比較是歸類的預備工作，歸類是分析的較進的步驟。

歸類必須根據一種類似點：或者性質相似，或者結構相似，或者來源相類等等。隨便什麼一塊東西，歸起類來，都可以有許多歸法。譬如書，可以按著学科，语言，出版家等之去归类，一市民的居民可以按着人种，进款，职业，信仰等之去归类。什麼性质或关係，都可以做归类的根据。过室说，什麼归类的方法都可以用，据实说，则有適合目的不適合目的分别。

科学家常把归类分作**人为的归类**（artificial classification）和**自然的归类**两种。人为的归类法，是以归类事物的偶然性质或无关紧要的徵象为归类的標準，用来做標準的一点是各個事物所共同有，其他各点往往不相似。例如取著作者姓名的第一個字母做標準，顺次排列，製成圖書目錄，那同一字母的一部中，每每就列著各種性质不同的書籍，便是一個例。這種归类法，在学问上的價值 ~~甚不大~~ ，但也可供检查，不能说是完全无用。

自然的归类法是以归类事物的经常性质或紧要徵象做標準的归类，不但選做標準的物性物象为同类所公有，就是其他性质也多相似者，故可说是以性质的全体为標準。~~（略）~~ 因为事实上某種徵象往々与别種经验相联或相关，所以某事存在往々就是别的事实存在的微兆。在這種地方，一個简单的性质就可以用做自然的归类法的根据，因为一互相同已由经验证明其为别互相同的標識。例如动物的同異，已经证明它跟它们牙齿上相當的同異相关，因此动物学家就可按照牙齿的结構和排列，把哺乳动物表归类。有許多多的东西，可以從中 ~~找到~~ 一两种性质，因其常与别種性质相关联，而用它为自然的归类法 (找出) 的根据。

学问上的归类有一個原则：就是归类的結果，不但要表示各個物体其種性质的相似，而且要表示各種性质和彼此個体間的关係。故只根据一種性质归类的，並不重视，甚至视的太過牵强，不叫做人为归类法，而名之曰牵强归类法；其目的是要發现自然的归类法，使以事物和事物間的关係显出，容易研究，容易批度，又使以事物的各個特性显的显现，容易照瞭，容易记住。

学问上的归类，通常是为上面所说的目的而设，但有许多地方，尤其是在日常生活中，那原来的目的不是为了对于事物有着完全的知识，只是要把对于同一问题或同一目的有关系的东西集在一块；在这种地方，就是把有许多方面不相类的东西归在一块，也可以认为对的。例如书籍的索引目录，就是一例。

不论哪一种归类法，都不止把资料集拢在一个单一的数里，还要把它分成数小类。这把一数分成数小数的工作，在逻辑里名叫分目(division)。

分目的种类有

1. 二分法(dichotomy)——是把一数来分成两个项目的；
2. 三分法(trichotomy)——是把一数来分成三个项目的；
3. 四分法(tetratomy)——是把一数来分成四个项目的；
4. 多分法(polytomy)——是分成四个以上的项目的。

在这数种分法中，向来逻辑上最常用的第一是二分法，如把事物分为甲，和非甲，便是其例。甲和非甲是相互为矛盾概念，这种根据矛盾概念的分目，最要注意，有的逻辑家甚至视为完全的分目。因为这样的分目，最不会有遗漏。如把残废者分为瞎子和瞎子，决不会有遗漏，若是分为瞎子，哑子，聋子时，别发见还有瘸子(keyez)时便不免有遗漏。故被视为不完全的分目。其次也常用的是三分法。这是举出两极端以及居中的东西来画分。如大，中，小，上，中，下，等都是采用这分目法。黑格尔以三段的辩证法，说明一切思想的发展，也是一种三分法。

分目的基准　逻辑的分目也要选出一种性质，用来分别一数里的某数件于其余的各件。这性质可以是某数件所有，而其余的各件所没有的，也可以是全体所同有，但有程度上的不同的。做这用场的一种性质，名叫分目基准(principle of division)，就是分目的根据。

最简单的分目，其所用的分目基准是一种性质，止为其数中某部所有，而为其馀部分所没有的。这便是所谓二分法的基准。下面是全部用二分法分目的一个有名的老例，名叫"波尔非利树"（tree of Porphyry），是希腊古代的论理学家波尔非利创设的：

$$
實體\begin{cases}無形\\有形—物體\begin{cases}無生\\有生—生物\begin{cases}無感覺\\有感覺—動物\begin{cases}無理性\\有理性—人\begin{cases}蘇格拉底\\柏拉圖\\亞里斯多德\\等\end{cases}\end{cases}\end{cases}\end{cases}
$$

比较复杂的分目，是用一种性质为同类中所同有，不过在质上或在量上彼此有些不同的。例如：

$$
角\begin{cases}正角\\鋭角\\鈍角\end{cases}
$$

这就是所谓三分法。这种三分法也可以都分为二分法。为：

$$
角\begin{cases}正角\\非正角\begin{cases}鋭角\\非鋭角\end{cases}\end{cases}
$$

这里我们可以把二分法和三分法（或三以上的分法）的优劣做一些简单的比较。（1）二分法不能显出某数个项目是并列的，如上例一面有正角与其馀的角对立的印象，一面又像是其他的角如锐角等是居在它的下位的;(2)这种分目法，往往正方面的所包括的很少，而负方面所包括的却很多，如上例，负方面已经包括了两种角，已经一倍于正面，如果把書來分作這樣的和非這樣的，则非语文学的所包不知要大過文的多少倍;(3)这种分目所包含的知識也很少，不過指出有某种性质和没有某种性质，此外竟无什麼明確的提示。故此種二分法，以前雖視為完全的分目，用處實在也有限。不過有限，所謂並非没有。(1)我們目的只在知道那些分子有（或没有）某种性质時，必必用，如把居民分為選民非選民，識字不識字;(2)有時我們對於一个數的知識異常不完全，恐怕採用别的分目容易有遺漏時，也是只有採用二分法。

归数应该注意的事项 計有三条：

1. 一种分目必须用一個分目基準，若用一个以上的基準就容易出毛病。坊間書籍的文学書科学書英文書就是属於犯这一条的例者。这样必致互相牽连，有時有一個東西可以分屬兩个项目，而各项目的範圍並非互相排斥，而成为交叉分目(cross division)。

2. 大数必须斜够包含所有的小数，若全体之中，有什麼小数未尽列入，就是不完全的分目(incomplete division)。不完全的分目是由於分目分不到底；有時是分目的基準，不能滯它分到底，有時是東西太特别，和别的目都相不同，以致弗包攏。在这時候要解决这个困难，有時可以没"新"项来收罗它。一用这個新数，就一定可以包括一切。这个新数就相當於二分法的那个負数。

类和种

分成我小数的那个数，学名叫類；所分的各小数，学名則叫做種。例如黄種是人類的一种。假如把这小数再分，那麼它對於在它以下的小数，復称為類，而它以下的小数對於它又称為種。例如漢人是黄種的一种。因此，凡包括别類的都叫做類，而凡有一類高数包括它的都叫做種。最廣的數，再沒有更廣的數包括它的，名叫元數，元數是最高級的數，永遠不做種的。最小的種，不能再分為更小的種的，名叫底種，底種是最低級的種，永遠不做數的。这從名方面講，就是荀子所謂共名和別名。荀子說：xx 是大共名也，共而又共，至於無共而後已；xx 大别名也，别而又别，至於無别而後已。至於無共，便是元數；至於無别，便是底種。至於從何始算無共終算無別，本書厥祇决定，普通只以相對的决定。如在人數學裏，人數便可以算是一個元數。再如一個種，假如認為用不到再分了，便可算是一個底種。

上面"數" "種"两个字的用法，是遵本書的習慣用法，所稱是比較的。~~上面所用的名稱~~ 这比較的名稱有便宜，也有不便宜。便宜在不必为每一級的小類立一數名，隨宜稱說，非常便利；不便宜在始終只是跟它上級下級對比的，而不能標出該級在系列中所居的地位。故它在實際上用起来，有時把这比較的相對的稱呼改去，另用一種固定的名稱。如在動物學或在植物學中，都把歸類分为門，綱，目，科，屬，種等六級，先把動物或植物界分为若干門，再由門分为若干綱，由綱分为若干目，由目分为若干科，由科分为若干屬，再由屬分为若干種。如以杏为例，其系列便为下表：

界　　植物界
門　　　種子植物門
綱　　　　雙子葉植物綱
目　　　　　薔薇目
科　　　　　　薔薇科
屬　　　　　　　桃屬
種　　　　　　　　杏

命题变换法

一、换质法 (Obversion)

换质法是不改变原来命题的意义，单只改变它的质（就是肯定和否定）的方法。质只有肯定和否定，故换质必定是改肯定为否定，改否定为肯定。

我们将 A, E, I, O 四种命题含集试行换质，可得结果如下：

(1) A → E　　凡甲是乙　→ 凡甲不是非乙
(2) E → A　　凡甲不是乙 → 凡甲是非乙
(3) I → O　　有甲是乙　→ 有甲不是非乙
(4) O → I　　有甲不是乙 → 有甲是非乙

从上表看来，可见换过后的宾位概念都是原来的宾位概念的矛盾概念。这是原则。除了遵守这个原则之外，有时可以用特殊方法换质。就是有时可用原宾位概念的对立概念，如"这个塔高"可换质为"这个塔不低"，"这个人善"可换质为"这个人不恶"，"这篇文章好"可换质为"这篇文章不坏"。两者之间，意义固然有些变动，但大致不差，至少不能说是错的。但不断言，任何情境都可以用对立概念。这就是不能将上述的形式倒转来用。例如说"这个塔不低"，倘换质为"这个塔高"，便是错的。原因在于第一种情境，所谓"高"是所谓"不低"的一部，可以被它包括在内的，而"不低"却不一定便是积极的"高"。因为所谓"不低"，也许并不是"高"，而是不高不低的中。

2. 换位法 (conversion)

换位法是不变原来的意义，将主词宾词和宾词换位的方法。换位和换质的情形略有不同：(1) 换位后的新命题不一定和原来的本命题相等；(2) 也不像换质那样任何命题都可以用一样方法去换。简单说来，情形实比换质要为复杂。行这种新的换位法，应当注意的规则有两条：

(甲) 新命题的质语同原命题一样。

(乙) 原命题中未周延的名词，在新命题中不可变成周延；原来周延的，却不妨变为不周延。（周延二字的意义已在前面详细说过：

		主	宾
A	凡甲是乙	周延	不周延
E	凡甲非乙	周延	周延
I	有甲是乙	不周延	不周延
O	有甲非乙	不周延	周延

详见第75）。要施行换位，必须遵守这两条规则。

今试依据这两条规则来换位：

(1) A (全称肯定命题) 的主语和宾语换位的时候，新命题不然不变为 I (特称肯定命题)。因为肯定命题，宾语都是不周延的，把它来做主语，假如不加限制，仍搞为全称，那就违背了(乙)条规则。所以原命题为「凡金属为△元素」，不然换成「凡元素都是金属」。「凡甲是乙」不然换成「凡乙是甲」，只能换成「有乙是甲」。孔子所谓「仁者必有勇，勇者不必有仁」，也就是这一种的换位法。

不过实际上也有主宾完全相合的时候，在这时候，施行换位，实际可用全称形式。「凡等边三角形是等角三角形」，换起位来，仍旧可用全称：

"凡等角三角形是等边三角形"。但这须从实际断定，若单从形式推论，"凡甲是乙"只能断定"有乙是甲"。这样的换位是将原命题的量缩小了，限定了，全称的变成了特称，在逻辑学上把它称为限量换位。

$$A \to I \;(但不是 A \to A)$$

(2) E（凡甲非乙）命题就不必限量。因为否定命题，宾语都是周延的，简单的换转来就行。如"人非木石"，可以换成"木石非人"，"凡甲非乙"可以换成"凡乙非甲"。这类不用在量上加限制的换位，就叫做单纯换位。前说 A 命题遇到主宾相合的时候可以不限量而换位，那时的换位，也叫做单纯换位。

$$E \to E$$

(3) I（有甲是乙）命题也同 E 一样，可以单纯换位，不须限量。因 I 是主宾都不周延的，换转来也是主宾都不用延，可以不必变动。如"有些学生是运动家"，可以换成"有些运动家是学生"。"有甲是乙"可以换成"有乙是甲"。这也只是变换主宾的位置，而不变更原命题的量，故也称为单纯换位。

$$I \to I$$

(4) 以上 A, E, I, 三种命题共有两种换位方法，一是限量换位，如 A，一是单纯换位如 E, I。虽然换法有点不同，但都可以换位。O 怎样呢？O 如果遵守两条规则，就不能换位。因为"有甲非乙"如果换成"有乙非甲"，则合新规则（甲），而不合于规则（乙），原来的甲是不用延的，而在新命题中却用延了。用例来说，如原命题为"有些人非恶人"，假使换成"有些恶人非人"，当然是错的。~~~~~~~~~~~~ 因此事实上也有可以换位的（在包摄图中就是图中向一个大绿图全为实绿图所包含的图不可换，即上例，因为这时一换位，大绿图便有一部分要在实缘圈外了），但从形式上看来绝（革）不可欲。故不欲换位。如果它要换位，那就只有採取向按换位的方K，下。

换位情形因此可作总结为下：
A→I（凡甲是乙→有乙是甲）……限量换位
E→E（凡甲非乙→凡乙非甲）……单纯换位
I→I（有甲是乙→有乙是甲）……单纯换位
O——不可欲

3 间接换位

也称换质换位。就是将换位法中所有两条规则的第一条放宽，等于第二条。把原命题先换质，再换位，求得一个新命题的方法。用这方法来换位，则前所不能换位的O，也可换位。但在别的命题上仍可遇到不可换位的情形。详情如下：

(1) O（有甲非乙），先行换质，则为"有甲是非乙"，即I，为前述。I换位，仍为I，也如前述。故O行间接换位或换质换位可为I。以例言之，如"有些人非恶人"，可换质为"有些人是非恶人"，再换位为"有些非恶人是人"。以公式言之，即"有甲非乙"可换为"有非乙是甲"。

O→I（有甲非乙→有非乙是甲）

(2) A（凡甲是乙），先换质即为E"凡甲非非乙"，再换位仍为E"凡非乙非甲"。如"凡鸟的新是鸟"，换质即为E"凡鸟的非非鸟"，再换位仍为E"凡非鸟非鸟的"。

A→E（凡甲是乙→凡非乙非甲）

(3) E（凡甲非乙），先换质，即为A"凡甲是非乙"，再换位（限量）则为I"有非乙是甲"。如"人非木石"，换质换位，即为"有非木石是人"。

E→I（凡甲非乙→有非乙是甲）

(4) I（有甲是乙）如何？I不能换质换位。因为I一换质即为O，"有甲非非乙"，而O即不能换位，假使要换位，必须再行换质并行换位。而一行换质时，O又转为I"有甲是非非乙"，把这来换位，则成"有非非乙是甲"。而"有非非乙是甲"实等于"有乙是甲"。就是等于把原

翻换：(Inversion)

A（凡甲是乙） 换质换位 → E（凡非乙非甲）
　　　　　　 再换质换位 → 工（有非甲是非乙）
　　　　　　 再换质　　 → O（有非甲非非乙 = 有非甲非乙）

E（凡甲非乙） 换位为 E（凡乙非甲）
　　　　　　 换质换位为 工（有非甲是乙）

工（有甲是乙） 换位 工（有乙是甲）
　　　　　　 换质 O（有乙非非甲）

O 换位不可能，故不能翻换

　　　　　　　A　　　　　　　　　　　　　　　　　　　　工
凡甲是乙(A) ——换位→ 有乙是甲(工)　　　　有甲是乙(工) ——换位→ 有乙是甲(工)
换质↓　　　　　　　止换质　　　　　　　　换质↓　　　　　　　　　↓换质
凡甲非非乙(E)　　 有乙非非甲(O)　　　　 有甲非非乙(O)　　　　有乙非非甲(O)
位换↓
凡非乙非甲(E)　　　有非甲非乙(O)
质换↓　　　　　　　　↑换质
凡非乙是非甲(A) ——换位→ 有非甲是非乙(工)

　　　　　　E　　　　　　　　　　　　　　　　　　　O
凡甲非乙(E) ——位→ 凡乙非甲(E)　　　　　　有甲非乙(O) ——位→ X
质↓　　　　　　　　　　　↓　　　　　　　　　质↓
凡甲是非乙(A)　　　凡乙是非甲(A)　　　　　 有甲是非乙(工)
位↓　　　　　　　　　　位↓　　　　　　　　　位↓
有非乙是甲(工)　　　有非甲是乙(工)　　　　有非乙是甲(工)
质↓　　　　　　　　　　　↓　　　　　　　　　位止
有非乙非非甲(O)　　 有非甲非非乙(O)
　　　　　　　　　　　　　　　　　　　　　　有非乙是甲(工)
　　　　　　　　　　　　　　　　　　　　　　质止
　　　　　　　　　　　　　　　　　　　　　　有非乙非非甲(O) → X

命题作简捷的换位。用倒垂说，如说"有些花是白的"，换质即为"有些花非非白的"，这是O，不能换位。要换位，只有再换质为I，为"有些花是非非白的"，才是可以换位，仍为I，为"有非非白的是花"。而这所谓非非白的，实际不外将白加以否定，又再加以否定，实际跟原来没有两样。故所谓"有些非非白的是花"，实际等于说"有些白的是花"。也就是等于将最初命题"有些花是白的"，直接换位的结果毫无不同。所以总括起来说，I是可以换位的，但不能行换质换位。

I 不可结

现在将换质，换位，及换质换位总起来说，就是
A, E, I, O 都可换质；
A, E, I 还可以换位，A阻E工牺 而 O 不可以换位；
A, E, O 可换质换位，而 I 不可换质换位。
再简单些说，A, E 可全用三种换法，I, O 不是的，只能其中两种方法。
现列表如下：

变形比→ 主宾	原命题	新命题			勒换
		换质	换位	换质换位	
	甲	甲	乙	非乙	非甲
	乙	非乙	甲	甲	乙
	A	E	I	E	O
	E	A	E	I	I
	I	O	X	X	X
	O	I	X	I	X

图解法之两种：

逻辑图解计有两种，较旧者为欧拉（Euler, 1707—1780）氏图解。用两个圆圈离合，表示各种命题情况。

其比较新的为范恩（Venn, 1834生英人）图解。除圆外并加一方框。

定言三段论式

1. 总规则

1. 三段论式必须有三个立词，不可少不可多。又必须有三个命题，不可少不可多。（此为总括，亦可看作界说）。(一)

2. 中词在两前提中至少要周延一次（轶关于中词）。(二)

3. 在前提中未周延的词，在结论中不得周延。（大小词）(三)

4. 两前提都否定时，不得下结论。(四)
   有一前提是否定的，结论一定否定。
   一前提是否定的，结论一定是否定。(五)
   （或两前提都肯定的，结论一定是肯定） （此条关于质）

5. 两前提都特称时，不得下结论。(六)
   有一前提是特称的，结论一定是特称。(七)（此条关于量）

2. 三段论式各种不同的配合的总数 —— A, E, I, O 四个命题分而作两前提和结论的总数为以下六十四种：

AAA	AEA	AIA	AOA
AAE	AEE	AIE	AOE
AAI	AEI	AII	AOI
AAO	AEO	AIO	AOO
EAA	EEA	EIA	EOA
EAE	EEE	EIE	EOE
EAI	EEI	EII	EOI
EAO	<u>EEO</u>	EIO	<u>EOO</u>
IAA	IEA	IIA	IOA
IAE	IEE	IIE	IOE
IAI	IEI	III	IOI
IAO	IEO	<u>IIO</u>	<u>IOO</u>
OAA	OEA	OIA	OOA
OAE	OEE	OIE	OOE
OAI	OEI	OII	OOI
OAO	<u>OEO</u>	<u>OIO</u>	<u>OOO</u>

两否定
EE
EO
OE
OO

两特称
II
IO
OI

中间有许多式是规例所不能承认的。先从前提上看，就有一所谓的两否定，一所谓的两特称，做前提的各式应除开，只有下面九种前提可作结论：

AA	AE	AI	AO
EA	—	EI	—
IA	IE	—	—
OA	—	—	—

此十一式还不必在四格都可用。故阶宫格两占，还凭受阶制。

5. 格　在定言三段论式中，中端有联络大小两端之作用。所谓格，即依中端在大小两前提中的位置而分。中端在大小两前提中，或做主语，或做宾语，共有四种变化。所以共有四格：

	第一格	第二格	第三格	第四格
大前提	中—大	大—中	中—大	大—中
小前提	小—中	小—中	中—小	中—小
中端为	大主 小宾	二前提皆宾	二前提皆主	大宾 小主

前说合用的式共有十一种，如果每式都可在各格中适用，则应用四十四个可用的式，但实际有只能用在这一格不能用在别一格的（如AAA），也有三格都可用，而独不能用在某一格的（如AAI）（不能用在第二格）。试以AAA为例：

第一格　A. 凡乙为丙　　凡动物为生物
　　　　A. 凡甲为乙　　凡马为动物　　}无误
　　　　A. 凡甲为丙　　凡马为生物

第二格　A. 凡丙为乙　　凡铝都是沉重的
　　　　A. 凡甲为乙　　凡水都是沉重的　}误。
　　　　A. 凡甲为丙　　凡水都是铝　　　中端没有一次周延

第三格　A. 凡乙为丙　　凡雪都白
　　　　A. 凡乙为甲　　凡雪都冷　　}误。
　　　　A. 凡甲为丙　　凡冷都白　　前提中不周延的（冷）结论中周延。

第四格　A. 凡丙为乙　　凡马为动物
　　　　A. 凡乙为甲　　凡动物为生物　}误。（全第三格）
　　　　A. 凡甲为丙　　凡生物为马　　前提中不周延的（生物）结论中周延。

故AAA只通用於第一格。

第一格
中一大（大前提）
小一中（小前提）

第二格
大一中（大前提）
小一中（小前提）

6. 各格中含通式： 这样依据规则挨查过来，四十四格中含通的一共只有十九格：（各格都有特列，都因中端的位置而产生）

第一格有四种：
AAA AII EAE EIO （AAI EAO）

特列 ~~假、有前提不是否定不得结论~~

（一）大前提须全称。
（二）小前提须肯定。

假若小前提是否定，则据规则4（五），结论定是否定。如特列大名在结论中周延，据规则3，大前提就须是否定。而一是否定，则犯规则4（四）两否定前提之误，所以小前提不能是否定，必须是肯定。

小前提既然是肯定，大前提就不能不是全称。否则中端每一次用延，犯了规则四中端不周延之误。

（结论：与大前提同质，与小前提同量。

此万由特列推出：因小前提既肯定为肯定，~~结论所以~~ 上念大前提为此，大前提既肯定为全称，结论主辞自以小前提为准。）

第二格 有四种：
AEE AOO EAE EIO （AEO EAO）

特列（一）前提有一个是否定
（二）大前提是全称

此格 中端都在宾位，如果都是肯定，则中端定不周延，犯规则（三），所以前提定有一个否定。有一前提是否定，结论定是否定（规则4还），所以大端不可不周延，所以大端做主语的大前提不可不全称（规2）。

（结论：定是否定。

此从特列一产生。因既有一前提为否定，结论自为否定。）

第三格
中—大（大前提）
中—小（小前提）

第四格
大—中（大前提）
中—小（小前提）

右第二條可以書作：
　　假使一前提是否定，大前提是全称。
　　证：因有一前提是否个，结论必否个。结论否定，大词就周延。故依规则3，它在前提中也须周延。

第三格有六格：
AAI　AII　~~EAO~~　EIO　IAI　OAO

特列（一）前提有一个是全称。
（二）小前提是肯定。

因此时大端新在主位，如果没有一个前提是全称，就犯规2，中端每一次周延之误。

又为小前提是否定，据规4之五，结论必否定。此时大端不可不周延。~~要在~~（规3）而要大端周延，大前提就不可不为否定。但大前提如果是否定，却犯规例4之四两否定前提之误。所以小前提仍肯定。

（结论：它是特称。

因小~~守I~~端在①小前提~~是肯~~的宾位，~~IⅢ~~~~是~~小前提既是肯定的，就不周延。~~IV~~在结论中~~发~~不周延。~~IV~~所以结论一定是特称。

第四格有五格：
AAI　AEE　EAO　EIO　IAI　　(AEO)

特列（一）如果大前提是肯定，小前提是全称，~~小前提是特称，大前提是否定。~~
（二）假使小前提是肯定，结论是特称。

证（一），假使不如此，就有中端不周延之误，犯规（2）。
（二）假使不如此，就有前提中不周延为结论中周延之误，犯规3。

（结论：没有全称肯定。

因小端在前提中为宾语，若要结论全称，自非它在前提中周延不可，要周延小端，小前提必须否定。而前提既有一为否定，结论必为否定，不能肯定矣。

第一格（四种）：AAA AII EAE EIO
第二格（四种）：AEE AOO EAE EIO
第三格（六种）：AAI AII EAO EIO IAI OAO
第四格（五种）：AAI AEE EAO EIO IAI

7 各格比較

试将一到四四格中合适的式子一加比较,就可得见结论中A E I O四式全备的只有第一格; 其馀的各格, 都是缺少一式或者二式的: 如第二格结论就缺少二式, 只有否定; 三格结论也缺少二式, 只有特称; 四格结论则缺少一式, 没有全称肯定。

结论中A, E, I, O四式命题俱全的只有第一格, 所以一向都以第一格为完全的格或称正格; 其馀三格为不完全的格或称变格。

8. 总结

	格		式		
正格	第一格	中一大 小一中 小一大	大前提全称 小前提肯定		
变格	第二格	大一中 小一中 小一大	一前提否定 大前提全称		
	第三格	中一大 中一小 小一大	一前提全称 小前提肯定		
	第四格	大一中 中一小 小一大	假使大前提是否定, 小前提是全称; 假使小前提是肯定, 结论是特称。		

8. 改格法（reduction）

因为一向都以第一格为正格，以第一格为最能显现所谓曲全公律，故凡遇到第一格以外的格式均需将它改为第一格而看它是否合律，这样改变格型的工作就叫做改格法。改格的方法，共有两种：一种是直接改格（direct reduction）；

一种是间接改格（indirect reduction）。

直接改格是将原来的前提换位，或移序，改成正格的形式。间接改格（说见另行）。

甲 第二格的改格

第二格有这四种式：
AEE AOO EAE EIO。

现在我们试将这四式分别改为怎样改为第一格（次序依兰改格歌）：

第二格　　　　　　　　　　　第一格

E　凡丙非乙　　　换位　　凡乙非丙　　E
A　凡甲为乙　　　　　　　凡甲为乙　　A
E　凡甲非丙　　　　　　　凡甲非丙　　E
　（凡木非金属　　　　　　凡金属非木
　　凡铁为金属　　　　　　凡铁为金属
　　凡铁非木）　　　　　　凡铁非木

A　凡丙为乙　　　　　　　凡乙非甲　　E
E　凡甲非乙　换位并变前提位序　凡丙为乙　A
E　凡甲非丙　　　　　　　凡丙非甲　　E
　（凡鸟为动物　　　　　　凡动物非梅
　　凡梅非动物　　　　　　凡鸟为动物
　　凡梅非鸟）　　　　　　凡鸟非梅

E　凡丙非乙　　　换位　　凡乙非丙　　E
I　有甲为乙　　　　　　　有甲为乙　　I
O　有甲非丙　　　　　　　有甲非丙　　O
　（凡马非木　　　　　　　凡木非马
　　有植物为木　　　　　　有植物为木
　　有植物非马）　　　　　有植物非马

按第二格不用普通所用的間接改格法，用普通改格法亦可改成第一格。其法为将大前提施以换质位法，凡乙扁是非乙→凡非乙是丙，将小前提施以换质法，有甲是非乙(工)，合起来就成第一格之AII式如下。

E 凡非乙是丙 凡丙不是两
I 有甲是非乙
∴ 有甲是丙 不是两

成第一格的新三段格式。

现在我们可以举一实例解说一下：

第二格

A 懒惰的人好浪费时间   凡两当乙   A
O 有些音乐家不浪费时间   有甲非乙   O
O ∴有些音乐家並不懒惰   ∴有甲不是两 O

间接改变为第一格

懒惰的人好浪费时间   凡两当乙   A
凡音乐家都是懒惰的人   凡甲当两   A
∴凡音乐家都会浪费时间 ∴凡甲当乙   A

这个结论和原来的第二前提相矛盾，因此原来的前提为真(推驳假设)，第二個三段格式的结论必假。

```
A      凡丙为乙
O      有甲非乙
─────────────
O      有甲非丙
```

这个三段论式可以用所谓"间按改换"改成第一格。其法，是假定原来的结论为伪，而假定其矛盾对当的命题为真，随i把这假设的命题当做一个前提，把原有的前提中的一个当做另一前提，推出一个新的结论来，最终就用这新结论的真伪来反证原结论的真伪。今假定原来的结论"有甲非丙"(O)为伪，则其矛盾命题"凡甲为丙"(A)为真。乃与原来的一前提结成论式，式如下（符合第一格）：

```
凡丙为乙     A
凡甲为丙     A
∴凡甲为乙    A
```

结论"凡甲为乙"(A)，正和原来的小前提"有甲非乙"(O)，但原式小前提，既然是前提，应假定其无误；原来的小前提既无误，对跟它矛盾的新结论，就不叱不伪。新结论既伪，可知新式中加入之小前提必伪。而原来的论式，亦无误。

```
   第一格         第三格
  中——大        中——大
  小——中        中——小
```

埃(尔)氏不必照普通周扱改格法，用普通改格法亦可行换质位法而可改成第一格。其法将大前提施以换质位法，復与小前提换序，再将结论施以换位法，即乃第一格之 AII 式：

```
O  有乙非丙          A 凡②乙为甲 ——→ A 凡乙为甲
A  凡乙为甲   换质位  I 有乙是非丙 ——→ I 有非丙是乙
O  有甲非丙                          ∴ I 有非丙是甲
                                    即  有甲是非丙
```

```
        第三格                    第一格
    E  凡乙非丙                 凡乙非丙   E
  6 I  有乙为甲      换位       有甲为乙   I
    O  有甲非丙                 有甲非丙   O
```

第三格的改格

第三格共有六轮：

(1) AAI　(3) AII　(4) EAO　(6) EIO　(2) IAI　(5) OAO

第三格		改成	第一格	
1. A	凡乙为丙		凡乙为丙	A
A	凡乙为甲	限量换位	有甲为乙	I
I	有甲为丙		有甲为丙	I

（凡马善走　　　　　　凡马善走
　凡马为动物　　　　　某动物为马）
　某动物善走　　　　　某动物善走

2. I	有乙为丙	换位 後移	凡乙为甲	A
A	凡乙为甲		有丙为乙	I
I	有甲为丙		有丙为甲	I

3. A	凡乙为丙		凡乙为丙	A
I	有乙为甲	换位	有甲为乙	I
I	有甲为丙		∴有甲为丙	I

4. E	凡乙非丙		凡乙非丙	E
A	凡乙为甲	限量换位	有甲为乙	I
O	有甲非丙		有甲非丙	O

5. O	有乙非丙	间接改格	凡甲为丙	A
A	凡乙为甲		凡乙为甲	A
O	有甲非丙		凡甲为丙	A

第四格的改格

第四格有五种：

AAI　AEE　EAO　EIO　IAI
(1)　(2)　(4)　(5)　3

	第四格	化成	第一格	
1	A 凡丙为乙 A 凡乙为甲 I 有甲为丙	换序	凡乙为甲 凡丙为乙 凡丙为甲 →工 有甲为丙	A A A
2	A 凡丙为乙 E 凡乙非甲 E 凡甲非丙	亦然 换位	凡乙非甲 凡丙为乙 凡丙非甲	E A E
3	I 有丙为乙 A 凡乙为甲 I 有甲为丙	前换 换位	凡乙为甲 有丙为乙 有丙为甲	A I I
4	E 凡丙非乙 A 凡乙为甲 O 有甲为丙	换位 限量换位	凡乙非丙 有甲为乙 ∴有甲非丙	E I O
5	E 凡丙非乙 I 有乙为甲 O 有甲非丙	换位 换位	凡乙非丙 有甲为乙 有甲非丙	E I O

三段论法

1. 间接推理与三段论法

以前所说，都是以某一个命题为根据，直接断定别个命题的真假，或者变成别个命题的形式的方法。这里说的，却并不是由一个命题，直接移到别个命题，中间是要经过一个中间命题的。所以论理学家就把这种推理，叫做间接推理；把以前说的换质、换位等，叫做直接推理。

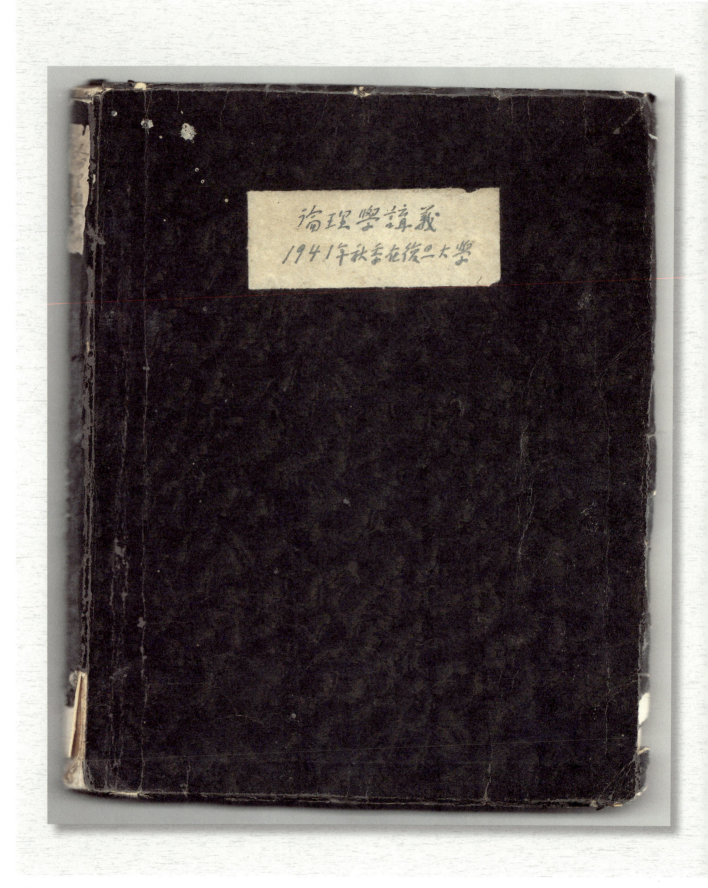

一、思想概论

1. 论理学之定义与思想

要讲论理学，必须谈到思想。因为论理学就是一种研究思想的科学。论理学的定义，虽然还没有大家公认的定义，但大体不外出下说：

论理学是研究思想历程的科学。

或说：

论理学是研究思想形式的科学。
论理学是研究思想法则的科学。

或者说：

论理学是研究思想的形式和法则的科学。

在中国因为译名还未十分确定，或者还有很多方面的差异，如思想（英文有 thinking 与 thought 两语，一指历程，一指结果）一语，时常有人译为"思维"，而称论理学为研究思维的科学或研究思维的技术。商务印书馆有一部《思维与数学》，中华书局有一部《思维术》，都是采用这个译名的。此外许多讲究辩证逻辑的，也多采用这个译名。除了"思维"之外，也还有人译作"思考"，那是日本人的译名，从前曾经流行，现在已经被淘汰了。像这样字面上的差异，大体无关宏旨。除开这种无关宏旨的不计，主要的意思都是像上面所说的那样，说论理学为研究思想或研究思想的一种特殊方面的科学，如所谓形式，所谓法则，所谓历程。

所谓形式（form）像对于内容（content）而言。每一事物都有形式和内容。思想也是如此。思想的内容无限，已有自然科学和社会科学在研究，而形式则属于论理学研究。论理学与各种科学的关系正像数学与各种科学的关系。数学是一种抽象的科学，

2. 何谓思想

我们的日常用语往往是歧义纷歧的，思想这个用语也是这样。

思想这个用语，至少含有广狭两义。广义是一切不是感官直接的认识。就是指一切不是感官见着、听着、闻着、嗅着、尝着的。这里有一张桌子，我们看见这张桌子，这种看见不是思想。等一下外面吹号，我们听见吹号，这种听见也不是思想。所谓思想是在这些看见、听见之外看不见听不见的东西。我们普通把看见听见等叫，统称直观。思想是在直观之外，对于直观而言的东西。这是广义的思想。

广义的思想可以包括胡思乱想在内。譬如一心以为有鸿鹄将至，或者设想猴子拔下几千几万根毫毛来化成神兵鬼卒打退我们的敌人，这就是所谓胡思乱想。广义的思想除去这些胡思乱想，便是所谓狭义的思想。

狭义的思想，有人称为反省的思想（reflective thinking），其中间是辨别、比较、分析、综合等种种步骤的。这种思想和所谓胡思乱想不同者约有三：

1. 这种思想是有根据的——有根据就与幻想、空想、梦想不同。思想的根据就在一切感官所能直接接触的事物。所谓不接触~~的~~ 物，不熟悉事物，就不能有这种思想。

2. 这种思想是有计画的（或说有目的的）——有计画有目的 ~~把无关计画的念想撇开~~，而专注心意于所欲解答的问题。使思想成为有效果的。

3. 这种思想是有所辩驳层次的

判断的对当

A, E, I, O 四种命题，假定 如果它们主辞宾辞都相同，则 任何 个命题之间将都有真假的连带关系，这种关系名叫 任何 命题的对当（opposition of propositions）。

对当普通分为三种，其中一种可以划分为两个小种，故共可以说有四种。现在分述于下。

甲，是同质异的对当，即 A 与 E，I 与 O 的对当，这种对当名叫反对对当。反对对当可以划分两小种：

1. 反对对当——量都是全称的，即 A 与 E 的对当 contrary opposition

   A 真 E 假 　　　（1）不会同时真；
   E 真 A 假 　　　（2）可以同时假；
   A 假 E ? 　　　（3）从一命题的真，可以推出第二命题的假；
   E 假 A ? 　　　（4）从一命题的假，不能推出第二命题的真假。

2. 小反对对当——量都是特称的，即 I 与 O 的对当 sub-contrary opposition

   I 真 O ? 　　　（1）可以同时真；
   O 真 I ? 　　　（2）不会同时假；
   I 假 O 真 　　　（3）从一命题的真，不能推出第二命题的真假；
   O 假 I 真 　　　（4）从一命题的假，可以推出第二命题真。

乙 矛盾对当——量质都不同的关系 即A与O，E与I的对当
contradictory opposition

A真 O假
O真 A假　　　　(1) 不会同时真；
A假 O真　　　　(2) 不会同时假。
O假 A真　　　　(3) 从一命题的真可以推出第二命题的假；
　　　　　　　　(4) 从一命题的假可以推出第二命题的真。

E真 I假
I假 E假
E假 I真
I假 E真

丙 差等对当——号异质同的对当 即A与I，E与O的对当
sub-altern opposition

A真 I真
I真 A？　　　　(1) 可以同时真
A假 I？　　　　(2) 可以同时假
I假 A假　　　　(3) 如全称为真，特称必真，特称为真，全称不定
　　　　　　　　(4) 如全称为假，特称不定，为特称为假，全称必假。
E真 O真
O真 E？
E假 O？
O假 E假

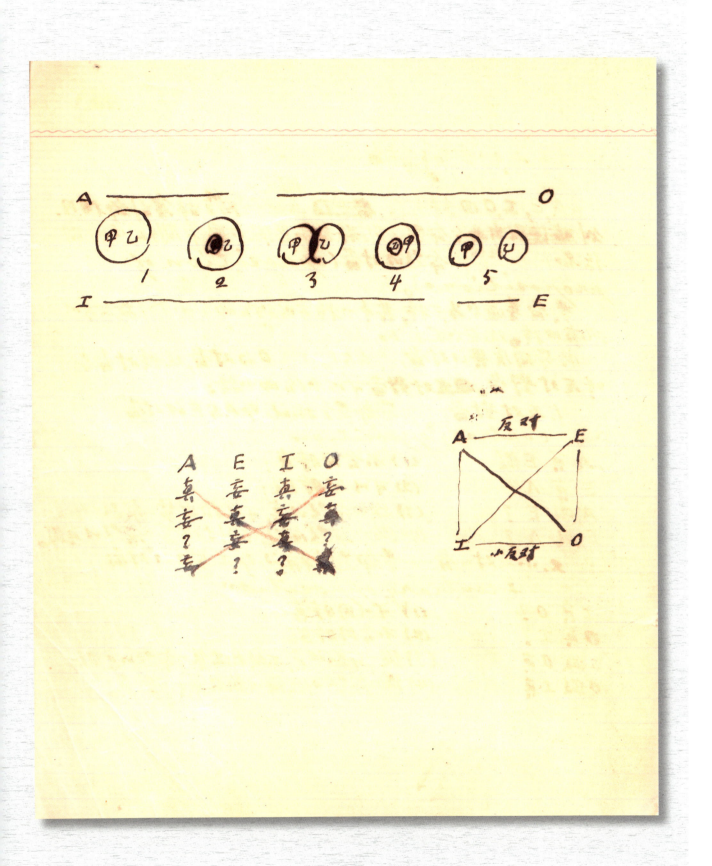

命题的变式

命题的变式是指命题形式改变,内容或意义不变。把在可以任举一个命题看它有多少种变式。

1. 附性法

附性法是在命题主宾两端,的加起它,构成一个新命题的方式。这有两种:一加在前,一加在后。

2. 换质 (obversion)

是把原来肯它的改为否它,原来否它的改为肯它的一种变法。换种变式,概以原宾语之矛盾语为新宾语。

甲　乙　换质到　甲　非乙
A　　　　　　　　E
E　　　　　　　　A
I　　　　　　　　O
O　　　　　　　　I

3. 换位 (conversion)

是调换原命题主宾位置而为新命题的变式。所得的命题不一定与原命题相等。

换位的规律，有两条：
  甲，在原命题中不周延的，在新命题中不可用周延。在原命题中周延的，在新命题中仍不周延。
  乙，新命题的质须与原命题相同。

换位的种数
  甲 限号换位，是受有限制的，如 A
  乙 单纯换位，是受无限制的，如 I, E

A, E, I, O 的换位

甲	乙		乙	甲	
A			I		(限号)
E			E		
I			I		
O			X		

4 换质换位 (contraposition)

先换命题的质，再换命题的位的一种变式。或者说用原命题的宾位的矛盾语做主位的一种变式。

换质换位的种数：

有所谓部分与全体的分别。单把宾位，只须换成"非乙—甲"就算，不问质为何，就是所谓部分的。如果要求新命题的质与原命题相同，就是所谓全体的（部分的全体的也有人说作不完全的与完全的，或者称名更多）现在分列举如下：

A E I O 的换位：

原命题		不完全的		完全的	
甲	乙	非乙	甲	非乙	非甲
A		E		A	
E		I		O	
I		I		X	
O				O	

要把不完的变成所谓完全的，只须再换一次质就得。

换质法 (Contraposition)

换质的种数
也有不完全的与完全的分别。
不完全的是 甲 乙　　　　非甲 乙
　　　　　　A　　换质为　　O

完全的为 甲 乙　　　　非甲 非乙
　　　　　A　　换质为　　E

A, E, I, O 的换质

原命题	不完全	完全
甲 乙	非甲 乙	非甲 非乙
A	O	E
E	I	✗
I	✗	✗
O		

反换

5. 反换 (inversion)

是反原命题的主辞而得到新命题的连式。其式虽繁，但只须轮替牵作换质换位就可得到。

A 命题

原命题	凡甲是乙 A	→换位	有乙是甲	I
↓			↓	
换质	凡甲不是非乙 E	换质	有乙不是非甲	O
↓		不完全反换		
不完全反位 换位(单)	凡非乙不是甲 E	换质	有非甲不是乙	O
↓		↑		
完全反位 换质	凡非乙是非甲 A	→换位 完全反换	有非甲是非乙	I

E 命题

原命题 E	凡甲不是乙 E	→换位	凡乙不是甲	E
↓			↓	
换质	凡甲是非乙 A	换质	凡乙是非甲	A
↓			↓	
不完全换质位 换位	有非乙是甲 I	不完全反换 换位	有非甲是乙	I
↓			↓	
完全换质位 换质	有非乙不是非甲 O	完全反换 换质	有非甲不是非乙	O

I 命题

原命题　有甲是乙　　I　→换位　有乙是甲　　I
↓
换质　有甲不是非乙　O　　　换质　有乙不是非甲　O
↓ ────────　　　　　↓ ────────
换位　　　X　　　　　　　　换位　　　X

O 命题

原命题　有甲不是乙　O →换位
↓
换质　有甲是非乙　I
↓
不完全换　换位　有非乙是甲　I
质位
↓
完全换　换质　有非乙不是非甲　O →换位
质位

命題の變式總表

		A	E	I	O	
	原命題	甲A乙	甲E乙	甲I乙	甲O乙	
1	換質	甲E非乙	甲A非乙	甲O非乙	甲I非乙	
2	換位	乙I甲	乙E甲	乙I甲		
3	換質換位	非乙E甲	非乙I甲		非乙I甲	不完全
		非乙A非甲	非乙O非甲		非乙O非甲	完全
4	反換	非甲O乙	非甲I乙			不完全
		非甲I非乙	非甲O非乙			完全

三段論式

3. 三段論式之結構

《戰國策·齊策》裏有一個陳軫說昭陽的寓論，名叫畫蛇添足：

楚有祠者，賜其舍人卮酒。舍人相謂曰，"數人飲之不足，一人飲之有餘。請畫地為蛇，先成者飲酒。"一人蛇先成，引酒且飲之。乃左手持卮，右手畫蛇曰，"吾能為之足。"未成，一人之蛇成，奪其卮曰，"蛇固無足，子安能為之足。"遂飲其酒。為蛇足者，終亡其酒。

在這故事裏面就有一個簡單的定言三段論式，為把那個奪卮者所用的三段論式詳審起來寫在如下：

凡是蛇都不是有腳的　(E)……(1)
你所畫的是有腳的　　(I)……(2)
∴你所畫的不是蛇　　(O)。……(3)

凡是定言三段論式都像這樣，有三個名辭，如例中的(甲)你所畫的，(乙)有腳的(丙)蛇。又都有三個命題，來聯絡三個名辭，如例中的(1)，(2)，(3)。聯絡的情形如下：

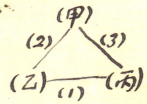

這裏的(1)(2)(3)三命題與"甲""乙""丙"三名辭各有特殊的名稱。三命題之中有兩個如(1)(2)是已知的，

名叫前提（premise），有一個是推知的，名叫斷案，也稱結論（conclusion）。做結論的主辭的，為小名辭（minor term）；做結論的賓辭的為大名辭（major term）。不見於結論，單在前提中居間聯絡小名辭與大名辭的，名叫中名辭（middle term）。兩前提中在分別者中名辭之外包含著大名辭還是小名辭。包含著大名辭的，為大前提（major premise），包含著小名辭的為小前提（minor premise）。前例可用各名標示如下：

　　凡虫它（大名辭）都不是有腳的（中名辭）————大前提
　　你所畫的東西（小名辭）是有腳的（中名辭）————小前提
　∴你所畫的（小名辭）不是虫它（大名辭）————————結論

三個命題的排列先後於議論正誤沒有關係。結論先來，或小前提先來都可以。不過照普通的習慣以先大前提，次小前提，最後結論的排列為最善道。我們以後如果不特別聲再明吧，就都以第一個命題為大前提，第二個命題為小前提，第三個命題為結論。

4. 定言三段論式的規則

要使三段論式運用的正確，必須遵守數條規則。規則數目的多少隨說的人而不同，有的只列七條，有的八條，有的九條，內容卻完全一樣，條數不同，不過因為分說合說，或者多說少說的關係。現在為便於初學計，分成九條順次說明於下。

(1) 每个三段论式必须有三个名辞，也只能有三个名辞。

这条是三段论式中名辞数目的规定，表示每个三段论式要不多不少恰有三个名辞。如果少于三个名辞，就没有中介，自然不能得出结论。如果多于三个名辞，譬如是四个：

　　甲是乙
　　丙是丁

则甲同乙与丙丁之间失掉联络，无从得结论。

(2) 每个三段论式必须有三个命题，也只能有三个命题。

这条是关于命题数目的规定，表示每个三段论式应有的命题，不能少于三个，也不能多于三个。少于三个，将不能联络三个名辞；多于三个，在名辞只有三个的时候也无从成立。

以上两条都是结构方面的规定，常有人把它们并作一条。

(3) 中名辞在两前提中至少要周延一次。

这条是关于中名辞的规定，很重要。中名辞在两前提中一共出现了两次，它可以有周延两次，周延一次，或没一次周延的三种可能。这条规定指出周延两次，周延一次都可以，但不能没有一次周延。因为没有一次周延，则大名辞可以同中名辞的一部分发生关系，而小名辞又同中名辞的别一部分发生关系，这样中名辞在大前提中所指的范围与中名辞在小前提中所指的范围不相同。~~尽管虽然，有中一个中名辞实际与有一个中名辞一样，在大小两名辞就有中名辞是~~ 有这样的情形时，小名辞与大名辞的关系就不能因中名辞的联络而决定。例如：

　　凡羊都是动物。
　　凡牛都是动物。

例中"动物"是中名辞，可是没有一次用延。羊可以是动物的这一部分，而牛可以是动物的别一部分，牛和羊的关系在这两个命题范围之内就不能用中名辞"动物"而决定。我们再举一个例：

　　有些中国人是国民党党员。
　　有些教授是中国人。
　　所以　　　？

这句教授与国民党党员的关系也无从决定。

(4) <u>在前提中未曾用延的名辞，在结论中不好用延。</u>

这条是对于大小两名辞的规定。无论大名辞小名辞，只有在前提中曾经用延的，在结论中可以用延，在前提中未曾用延的，在结论中不好用延。如把在前提中未曾用延的名辞，在结论中变成用延，则可以有如下两种错误。

(甲) 大名辞用延的错误——这是大名辞在前提中未曾用延，在结论中变成用延的错误。例如：

　　凡是学者都等〔会〕真理。
　　他不是学者。
　　所以他不学会真理。

这个结论也许是真的，但不是对的，因为前提中已说 [推证]

学者学会真理，並没有了它非学者不学会真理。

(b) 小名辞用延的错误——这是小名辞在前提中未曾用延，在结论中变成用延的错误。例如：

凡是飞行员都是大胆的。

有些学生是飞行员。

所以学生是大胆的。

在这式中小名辞"学生"在前提中並未用延而在结论中却变成了用延了，这结论也是不对的。

(5) 兩個前提都是否定的，不能得结论。

这条规定兩前提的质。前提的质可以都是肯定的，也可以是一个是肯定，一个是否定的，但不能(兩个)兩个都否定。因为兩个前提都是否定，就为原则第三条所说，不能得结论。因为这时大小兩名辞都同中名辞相排斥，中名辞失去(間句)作用，无從决定大小兩名辞的関係，所以不能得结论。例如以"凡论理学不是心理学"，"凡美学不是论理学"兩个否定命题为前提，"心理学"与"美学"的関係就可以有下列⚪种，在论式上无從决定是那一种：

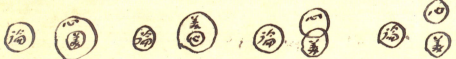

(6) 前提有一個是否定的，结论必定是否定，前提沒有一個是否定的，结论必定不是否定。

这条规定前提的质与结论的质的对应関係。这条规则也是從原则推论出来。前半段是從原则3演绎出来；因甲含在乙中，而乙不含在丙中，则甲也必不含在丙中，所以前提有一个是否定的，结论必定是否定。後半段则是由原则(1)演绎出来：因为甲含在乙中，而乙又含在丙中，则甲也必含在丙中，所以前提两个都是肯定，没有一个是否定的，结论必定是肯定，必定不是否定。

以上六条，都是所谓"正则"，是三段论式的基本规则。一、二、规定三段论式的大体结构（是否一体化一条），至于结构是否合式，须根据这两条。三、四两条，规定中大小三名辞，三条关於中名辞，第四条关於大小两名辞，搜查三段论式的三名辞是否合乎语根据这两条。五、六两条，规定前提的合与结论的关系。五条说不能以结论的情形，六条说以的是怎样的结论。搜查是否构成三段论式的命题的合，须根据这两条。以上一共是六条。有了这六条，三段论式是否正确，就有不能判别的了。这是基本规则，所以称为"正则"。对於"正则"还有所谓"附则"，附则是可以從"正则"推出来的。下列三条，事实上就把它们算作"附则"。我们可以不加辨别，称为(7)(8)(9)规则。

(7) 两个前提都是特称的，不能以结论。
这条规则规定两前提的量。而这条规则可以從以上六条规则推演而出。因这条只论量，两前提都特称，就会有几吗，因在合方面可以有三种情形：
(1) 两前提都是肯空，两个假空前提都是特称肯空，两前提中就应有一个名辞是周延的，自然违反(3)中名辞至少要周延一次的规定，所以若是两前提都是肯空，必定不能以结论。

(2) 两个前提都是否定——假使两个前提都是否定，那就违反(5)的规定，当然不能得结论。

(3) 两个前提有一个是肯定，有一个是否定——假定两个前提中有一个是否定，~~...~~ 有一个是肯定，则这时两个前提一定一个为特称否定，一个为特称肯定，两个前提中只有一个名辞周延。这个周延的名辞假使是中名辞，则依照规则(6)前提有一个是否定的，结论必定是否定的，大名辞也应当是周延的，而在前提中却不周延，违反(4)。假使这个周延的名辞派给大名辞，则规则(4) ~~...~~ 中名辞不周延，又违反规则(3)中名辞至少要周延一次的规定。

所以两个前提都是特称的，无论在任何一种情形下都不能得结论。

(8) 前提有一个是特称的，结论必定是特称。 兴条

这条是规定前提的量和结论的量的关系。这条也可以从正则推演而出。说明这条，也应该设想在反方面有以下三种情形：

(甲) 两个前提都是肯定——假使两个前提都是肯定，则这时只有一个名辞周延，这个周延的名辞应该是中名辞，（假含结论是的主辞的否则违反(3)中名辞至少要周延一次的规定。~~...~~ 这个周延的既经是中名辞，则大小两名辞就都是不周延的了，依照规则(4)在前提中未周延的名辞在结论中不应周延的规定，所以这时结论中主宾两辞应该都不周延。主辞不周延，当然是特称命题。

(乙) 两前提都是否定——这违反规(5)，不必讨论。

(c) 两前提一个是否定，一个是肯定——这时前提中共有两个名辞：一个是肯定命题的主辞，一个是否定命题的宾辞。这两个用延的名辞，不能没有一个是中名辞，否则违反规则(3)中名辞至少要用延一次的规定。另外一个又不能不是大名辞。因为依照规则(6)前提有一个是否定的，结论必定是否定。结论否定，大名辞必定是周延的，如果大名辞在结论中用延，在前提中却未用延，便要违反(4)。所以另外一个用延的名辞应该是大名辞。前提中用延的名辞共有两个，既然一个是中名辞，一个是大名辞，那小名辞必定是不周延的了。~~依照规则(4)~~依照规则(4)，小名辞在前提中不用延，在结论中也就不用延。所以结论必定是特称。 小名辞在结论中为主辞，要主辞不用延必次是特称

~~(9)~~

9 (十) 大前提是特称，小前提是否定的，不能有结论。 9

这条规则要证明，便同与(7)(8)两条同样。因为这条规则也可从正例推演而得。假使大前提是特称，小前提必须是全称，否则违反规则(7)两前提都是特称的谬误。又小前提是否定，大前提还须是肯定，否则违反规则(5)两前提都否定的谬误。所以所谓大前提是特称，小前提是否定……等于说：大前提是特称肯定，小前提是全称否定（即 I E）。小前提是全称否定，主宾两名辞都是用延的，就是中名辞和小名辞都是用延。大前提是特称肯定，主宾两名辞都是不用延的，就是中名辞和大名辞都不用延。而按规则(6)前提有一个是否定的，结论必定是否定的规定，结论却须是否定的。结论否定，大名辞就是周延的。但大名辞在前提中却未用延，有违规则(4)。所以大前提是特称，小前提

```
                                    AA  AE  AI  AO
                                    EA  EE  EI  EO
                                    IA  IE  II  IO
                                    OA  OE  OI  OO
```

```
AAA    AEA    (AIA)   AOA
AAE    AEE     AIE    AOE
AAI    AEI     AII    AOI
AAO    AEO     AIO    AOO

EAA    EEA     EIA    EOA
EAE    EEE    (EIE)   EOE
EAI    EEI     EII    EOI
EAO    EEO     EIO    EOO

(IAA)  IEA     IIA    IOA
IAE    IEE     IIE    IOE
IAI    IEI     III    IOI
IAO    IEO     IIO    IOO

OAA    OEA     OIA    OOA
(OAE)  OEE     OIE    OOE
OAI    OEI     OII    OOI
OAO    OEO     OIO    OOO
```

是否定的，必定不能作结论。

6 定言三段论式的模式（简称式）

每个三段论式都有三个命题，三个命题都是从A, E, I, O四种命题中取来排列而成。因为取法排法不同，可以有多种不同的配合，一个配合，就叫做模式(mood)，必简称式。如由三个全称肯定命题排成的，就称为AAA式，由一个全称肯定，一个全称否定，一个特称否定命题排成的，就称为AEO式。排列的时候根照普通的排法，以第一个命题为大前提，第二个命题为小前提，第三个命题为结论。如AEO式，就等是大前提为A，小前提为E，结论为O的一种模式。

按照序列算法的定理，在4种命题中每次取3个来排列，如果4种命题都可任意重複使用，所以排列成序列，应该有 4^3 个，就是64个，~~有六十四式~~ 这64个，就是所谓六十四式。六十四式如下：

这六十四式，不过是可能的模式，并非一一都是可用的。我们如果运用九条规则详加鉴别，将见违反规则的极多。如

(a) EE—, EO—, OE—, OO—, 等16式都违反(5)有二前提之误，今以红色 ✗ 删除。
(b) II—, IO—, OI— 等式，都违反(7)有二前提特称的误误，今以红色 | 删除。（OO—点是双特称，述及到入上条，不複举）
(c) IE— 等四式，违反(9)，今以方框 □ 删除。
(d) AAE, AAO 等十六式，都违反(6)，今以—删除。
(e) AIA, AOE 等五式，都违反别，今以 ( ) 删除。

总计不合(5)(6)(7)(8)(9)五条规则应当删除的共有五十三式。六十四式除去五十三式,只賸十一式,是合规则的。这十一式,就是所谓正确式了。

十一個正確式表

AAA	AEE	AII	AOO
AAI	AEO		
EAE			
EAO		EIO	
IAI			
OAO			

7. 定言三段論式的格式

前面說的式是從命題的種類和地位方面分別的,现在我們要再從三段論式中小中大三個名辭的地位方面分別。三段論式中小中大三個名辭共有四種不同的摆法,每一摆法叫做一個格式,也簡稱格(figure)。所以一共有四格:

	第一格	第二格	第三格	第四格
大前提	中—大	大—中	中—大	大—中
小前提	小—中	小—中	中—小	中—小
結論	小—大	小—大	小—大	小—大

四格必须記清,也很容易記清。四格之中,結論的摆法是一樣的,前提的摆法,只須注意中名辭的地位,中名辭的地位一定,小大兩名辭的地位就可以推定。而中名辭的地位剛成這樣一個對角形状。所以

AAA —	AEE 二,四	AII 一,三	AOO 二
AAI (一),三,四	AEO (一),(二)		AAA (AAI) EAE
EAE 一,二			AEE AII (AEO)
EAO (一),(二),三,四		EIO 一,二,三,四	(EAO) IAI OAO
IAI — 三,四			
OAO 三			

前面一表也可排成這樣一個比較整齊的表：

第一格	第二格	第三格	第四格
AAA	AEE	AII	AEE
AII	AOO	AAI	AAI
EAE	EAE	IAI	IAI
(EAO)	(EAO)	EAO	EAO
EIO	EIO	EIO	EIO
(AAI)	(AEO)	OAO	(AEO)

不联记。

前面说过正确式有十一个。如果十一式在这四格中都可以用，则11×4=44，意该有四十四种推论式。但是实际并没有这样多。因为其中有只适用於某一格而其余各格却不适用的，也有只有某一格不适用而其余各格都适用的，必须依据规则一一检查，绝对决定各格有多少合用的式。试以AAA式为例：

第一格	第二格	第三格	第四格
A 大—大	大—中	中—大	大—中
A 小—中	小—中	中—小	中—小
A 小—大	小—大	小—大	小—大

就只适用於第一格，其余各格都不适用。如在第二格中，就有中辞不用延的毛病，违反规则3不可用（上面用○表示用延，无○即表示不用延）。第三格和第四格都有小辞在前提中未用延，却在结论中用延的毛病，违反规则4，还不可用。

这样一一检查过去，可得四格中合用的式如下：

第一格	第二格	第三格	第四格
AAA	AEE	AII	AEE
(AAI)	(AEO)	OAO	(AEO)
EAE	EAE	IAI	IAI
(EAO)	(EAO)	EAO	EAO
AII	AOO	AAI	AAI
EIO	EIO	EIO	EIO

总计四格中合用的式不过二十四式。其中加括弧的有五式，这些都是弱结论（weak conclusion）。它的结论都比其所应得的为弱。例如AAI一式，大小前提都为全称，按例应得全称结论A，此处却作I，令人甚退一步立言。这样退步立言的方式，实际用处甚少，

论理学家多置之不论或竟结为无用之式。如果除了这五■式是正有用的三段论式，余各格的各式综算起来，■不过十九■式而已。

8. 各格的特则

上面说的各格合用的式完全是依照各格的形式，即小中大名辞的地位，运用普通规则，鉴别出来的。我们如果已经记清普■通规则，又记清各格的形式，将不难推出以下各格各自的特殊规则，就是所谓特则。

第一格

(a) 形式：（四）

中 — 大
小 — 中
─────
小 — 大

(b) 特则：

(一) 小前提一定是肯定。
(二) 大前提一定是全称。
(三) 结论一定与大前提同质，可以和小前提同量。

(四) 证明：

(一) 小前提一定是肯定　　如果不是，则根据第6条规则，结论就一定是否定。如果结论是否定，则大名辞 ~~在大前提~~ 在结论中一定周延。大名辞在结论中既周延，依据规则4在前提中也一定周延。但大名辞在这一格的前提中是宾辞，如果周延，则大前提就一定是否定。如果是否定，就有两前提都否定的谬误，违反大前提。

规则5，不能成立，所以小前提不外是否定。

（二）大前提一定是全称

小前提既不是否定，则中名辞在小前提中不周延，~~应当~~~~据规则4规定~~中名辞在前提中至少要用延一次的规定，中名辞在~~问~~大前提中再不能不周延。而中名辞在这一格的大前提中是主辞，~~因~~大前提的主辞用延，大前提一定是全称。

（三）结论一定与大前提同质，可以与小前提同量

这格的小前提既不一定是否定，则结论的质自然随大前提为转移，大前提既不一定是全称，则结论的量自然随小前提为转移，所以有这特别。特别中，同质"说"一定"，同量"说可以"，是因小前提为全称时，~~固然不会有全称~~~~虽然一定不全称的结论，但为进一步说法~~，亦未尝不可下特称的结论，说是可以，无非表示可以伸缩自由的意思。

（四）结果

这格合格的式有下列六种：
AAA (AAI) EAE (EAO) AII EIO

注意：结答可以是A，E，I，或O，四种命题都有。

第二格
（A）形式
　　大—中
　　小—中
　　小—大

(b) 特则：
   (一) 前提有一个一定是否定。
   (二) 大前提一定是全称。
   (三) 结论一定是否定。

(c) 证明：
   (一) 两前提中一定有一个是否定

   因为中名辞在这一格中都是宾辞，如果两个前提都是肯定，中名辞就没有一次周延，违反规则2，不能成立。

   (二) 大前提一定是全称

   前提中既然有一个是否定，则根据规则6，结论一定是否定，结论否定，大名辞在结论中一定是周延，大名辞在结论中周延，在前提中亦不得不周延，违列违反规则4，而大名辞在这一格中是大前提的主辞，~~××××××××~~ 如果主辞周延，一定是全称命题，所以大前提一定是全称。

   (三) 结论一定是否定

   前提既然有一个一定是否定，依据规则6，结论一定是否定。

   (d) 结果

   这格合格的式有下列六种：
~~××××××××××××××××××××××××××××××~~
AEE (AEO) EAE (EAO) AOO EIO

第三格
　(a) 形式：
　　　中——大
　　　中——小
　　　小——大

　(b) 特别：
　　(一) ~~前提有一個一定是否定~~
　　(二) 小前提一定是肯定。
　　(三) 结论一定是特称。

　(c) 证明：
　　(一) ~~前提有一個一定是否定~~
　　(一) 小前提一定是肯定。如果小前提是否定，则结论一定是否定(规则6)，如果结论是否定，则宾辞——大名辞——一定周延。如果大名辞在结论中周延，❶则在大前提中就不得不周延(规则4)。而大名辞，在这一格中是宾辞，如果它周延，大前提一定是否定命题。这样就有两个前提都否定的谬误，不能得结论。所以小前提一定是肯定命题。

　　(二) 结论一定是特称。小前提一定是肯定，则小前提的宾辞不周延，小前提的宾辞——小名辞——在❶小前提中不周延，则它在结论中也不得周延(规则4)。小名辞在结论中当主辞，主辞不周延，则结论一定是特称。

　(d) 结果：
　　这格合格式有下列种：
AII OAO IAI EAO AAI EIO

(d) 结果：

合格合格的式如下：

AEE (AEO) IAI EAO AAI EIO

第四格

(a) 形式：

大—中
中—小
小—大

(b) 特别：

(一) 如果前提有一个是否定，那大前提一定是全称。

(二) 如果大前提是肯定，那小前提一定是全称。

(三) 如果小前提是肯定，那结论一定是特称。

(c) 证明：

(一) 如果前提有一个是否定，则大前提一定是全称。因为前提有一个是否定，则结论必一定是否定（规则6）。结论否定，宾辞一定用延。但结论的宾辞是大名辞，大名辞既然在结论中用延，则在前提中必须用延（规则4）。但大名辞在这一格中是大前提的宾辞，宾辞用延，大前提一定是全称命题。

(二) 如果大前提是肯定，则小前提一定是全称。因为大前提是肯定，则宾辞不用延。这格大前提的宾辞是中名辞，中名辞必须用延一次（规则3）。中名辞在大前提中既不用延，必须在小前提中用延。而中名辞在这格的小前提中是主辞，主辞用延，小前提一定是全称命题。

(三) 如果小前提是肯定，结论一定是特称。因为小前提是肯定，则宾辞不用延。而宾辞在这格中就是小名辞。小名辞在前提中既不用延，在结论中的主辞不可用延（规则4）。小名辞是结论的主辞，主辞不用延，则结论一定是特称命题。

	第一格	第二格
形式	中—大 小—中 小—大	大—中 小—中 小—大
特则	(一) 前提一定是肯定 (二) 大前提一定是全称 (三) 结论一定与大前提同质，可以和小前提同量。	(一) 前提有一个一定是否定。 (二) 大前提一定是全称。 (三) 结论一定是否定。
合式	AAA (AAI) EAE(EAO) AII EIO	AEE (AEO) EAE (EAO) AOO EIO

9. 各格的特色

以上所论各格的情形可以总结如下：

第三格	第四格
中 — 大 中 — 小 小 — 大	大 — 中 中 — 小 小 — 大
(一) 前提有一个一定是全称 (二) 小前提一定是肯定。 (三) 结论一定是特称。	(一) 如果前提有一个是否定，则大前提一定是全称。 (二) 如果大前提是肯定，则小前提一定是全称。 (三) 如果小前提是肯定，则结论一定是特称。
AII OAO IAI EAO AAI EIO	AEE (AEO) IAI EAO AAI EIO

根据以上所列我们可以发见各格的特色：

~~以上关于各格的特色~~ 先看结论—— *结论*

一、第一格可以 A, E, I, O 四种, 其中 A 一种结论是别格所不能得到的。

二、第二格中结论都是否定 (即 E, O)。

三、第三格中结论都是特称 (即 I, O)。

四、第四格中, 除 A 外其余各种命题全有 (即有 E, I, O)。
  (结论)

因有以上各种特色, 所以普通讨论各格时写下时常选第一格为完善格或正格 (perfect figure) ~~第一~~格
其余各格

为不完善格或变格(imperfect figure)。就为第一格可以有A, E, I, O 四种结论，别的格至少必缺一种，又全格肯定的结论是而这一格所独有的，如果要把要求普遍的知识，不能不用这一格。

再者结构，总以第一格为最自然最清楚，因这格凡在结论中为主辞的，在前提中总为主辞，在结论中为宾辞的，在前提中总为宾辞，毋须进行推了 ~~词的限定或变换~~ 毋须变换辞位， 于 ~~以很自然地~~ 从前提达到结论。

例如第一格的EAE式：

　　凡人都不永存　　　　　中大
　　凡兵者是人　　　　　　小中
　　故凡兵者都不永存　　　小大

其结论的主辞'兵'就是小前提的主辞，结论的宾辞'永存'就是大前提的宾辞，推证的方式是极自然极清楚的。

第二格以下就都没有这样的自然清楚。其用处也比较地有限。如第二格就最适宜于因某种情状的有无辨别这种东西不是~~别种~~东西。例如：

　　凡是植物都不能自己发光　　大中
　　凡是星球都能自己发光　　　小中
　　所以一切星球都不是植物　　小大

这个第二格的EAE式，就是因有没有能够自己发光的情状来分别星球与植物的。

第三格以 ~~宾宾~~ 结论都是特称命题，最适宜于指出人所忽视的部分现象去批驳人所主张的全称命题。例如AA I 式：

凡是经济学家都是文化界中人　　　　　中大
凡是经济学家都是讲究利润的　　　　　中小
所以有些讲究利润的是文化界中人　　　小大

这就是指出最讲究利润的一部份人也就是所谓"文化界中人"，都不是讲究利润了之故的。

至於第四格则为功效最小的一格。相传这一格盖排亚里斯多德(Aristotle)所创，到公元二世纪时加仑、盖伦(Galen)加进去的。这格的结构极不自然，试以AA工式为例：

　　鲸是哺乳动物　　　　　　　　　大中
　　凡是哺乳动物都是脊椎动物　　　中小
　　所以有些脊椎动物是鲸。　　　　小大

一看就可知道不大自然，因为此格的前提都以实际的小名辞当作大名辞，实际的大名辞当作小名辞。如果依照实际来说，实际就是第一格的排列法。它的结论也是可以依照第一格的特例很自然地推出。按照第一格结论定为"鲸是脊椎动物"，这固然与"有些脊椎动物是鲸"内容一样，但"鲸是脊椎动物"比起说"有些脊椎动物是鲸"比较自然。所以一般论理学家都以为第四格是可以不用或推车要用的一种格式。

10. 三段论式的变体

以上所说的三段论式且整齐，简单，规则的，实际我们平常说的并不都像那样的整齐，简单，规则的，那些我们称为变体。变体都可改成正体。

变体有种种，现在择要说明如下：

(1) 省略体 (enthymeme) 这是把三段论式省去一个命题的变体。一个三段论式可以省成三个省略体：a. 不提大前提；b. 不提小前提；c. 不提结论。以三个省略体便是同一三段论式的变体：

　　某人不知足，所以不快乐。
　　凡不知足者总不快乐，所以某人不快乐。
　　某人不知足，凡不知足者总不快乐。

我们平常说话作文，往往将最明显的一部份省去，作成以上的省略体。如《诗·邶风·柏舟》：

　　我心匪石，不可转也；
　　我心匪席，不可卷也。

省体了的"石可转，而我心不可转，席可卷，而我心不可卷"。"石可转"、"席可卷"就是这两句的大前提，当时虽未说出，必须补出。虽不说出，亦无妨碍，而其意比之说出更觉生动而有意味。这当然是从修辞上说，若从论理上说，如不补出，即不容易判别是否合乎规则。如上例，试一补出，即可知其是否合乎规则。（第三格）

(2) 多段体 (polysyllogism) 多段体是连接两个或两个以上的三段论式而成，每两个论式之间有所谓前三段，后三段之分。一个三段论式的结论被另一个三段论式用作前提者，名叫前三段(prosyllogism)，一个三段论式用另一个三段论式作结论作前提者，名叫after三段(epi-syllogism)。例如：

　　凡是有志的一定坚忍，
　　凡是有为的一定有志，　　} 前三段
　所以凡是有为的一定坚忍
　　他是有为的
　　　　　　　　　　　　　　} 後三段
　所以他一定坚忍

连锁论法可以含有两个以上的三段论式，那时第二个对於第三个又为前三段，而第三个对於第二个又为後三段，~~第三个与第四个的关係也是这样推算下去。~~

考验多段体的正确不正确，可照着这规则分别考验前三段和後三段的正确不正确。

(3) 带证体 (epicheirema) 带证体是三段论式的前提，附带说明理由的变体，但说的很简要，否则便成多段体。故凡带证体都可以补充成为多段体。例如：

　　凡是好学的一定喜欢读书，因为爱重知识的缘故。
　　凡是有志的青年一定好学。
　所以凡是有志的青年一定喜欢读书。

这带证体就可补充成为多段体：

　　凡是爱重知识的一定喜欢读书。
　　凡是好学的　一定爱重知识　　} 前三段
　所以凡是好学的　一定喜欢读书
　　凡是有志的青年一定好学
　　　　　　　　　　　　　　　　} 後三段
　所以凡是有志的青年一定喜欢读书

例如前例两个前提都所蕴涵如下由，为下：
　　凡是好学的一定喜欢读书，因为爱卖知识的缘故。
　　凡是有志的青年一定好学，因为想对国家有大贡献大。
∴ 凡是有志的青年一定喜欢读书。
这可以藉完成的三个三段论式构成的多段体：

第一式 { 凡是爱卖知识的一定喜欢读书
　　　　 凡是好学的一定爱卖知识
　　　 ∴ 凡是好学的一定喜欢读书 …… 第三式的大前提

第二式 { 凡是想对国家有贡献的一定好学
　　　　 凡是有志的青年一定想对国家有大贡献
　　　 ∴ 凡是有志的青年一定好学 …… 第三式的小前提

第三式 { 凡是好学的一定喜欢读书 …………… 第一式的结论
　　　　 凡是有志的青年一定好学 …………… 第二式的结论
　　　 ∴ 凡是有志的青年一定喜欢读书

以上所说是只有一个前提附说明理由。如果两个前提都附说明理由，则可补完成为三个三段论式的多段体。考察这种带证的推理是否正确，须加补完成为多段体，再分别考验各个三段论式是否正确。

(4) 连环体 点称堆垛体（sorites）是若干命题互相衔接，层次推进，推求一个结论的一种推论。连环体有两种：

甲. 前进式

欲治其国者，先齐其家，
欲齐其家者，先修其身，
欲修其身者，先正其心，
欲正其心者，先诚其意。
是故 欲治其国者，先诚其意。

乙. 后退式

欲正其心者，先诚其意，
欲修其身者，先正其心，
欲齐其家者，先修其身，
欲治其国者，先齐其家，
是故 欲治其国者，先诚其意。

这两种连环体命题的排列虽有前进与后退的不同（所谓前进式都是以前一命题的宾辞做后一命题的主辞，而所谓后退式则都是以前一命题的主辞做后一命题的宾辞），其实都是第一格的三段论式，都该遵守第一格的特则。普通论理学书上所谓连环体的规则，都不过是第一格两条特则的推演。

丙. 前进连环律:
(一) 第一前提可以是特称, 其余前提都须全称。
(二) 最后前提可以是否定, 其余前提都须肯定。

这两条规律其实就是第一格的两条附则。现在先将甲例分成几个三段论式, 并将中间混合的结论抽出如下:

第一式:
　　　　欲齐其家者, 先修其身
　　　　欲治其国者, 先齐其家
　　故 欲治其国者, 先修其身 ────── 结论(1), 混合

第二式:
　　　　欲修其身者, 先正其心
　　　　欲治其国者, 先修其身 ────── (1)
　　故 欲治其国者, 先正其心 ────── 结论(2), 混合

第三式:
　　　　欲正其心者, 先诚其意
　　　　欲治其国者, 先正其心 ────── (2)
　　故 欲治其国者, 先诚其意 ────── 总结论

这都是第一格的三段论式, 都必遵守第一格的附则(一), 小前提必须肯定, (二) 大前提必须全称。前进连环式中, 只有第一前提是小前提, 它必须是肯定命题, 但它可以是全称, 也可以是特称, 所以说可以是特称。其余前提都是大前提, 大前提须全称, 所以说都须全称。可见第一条规律, 完全是第一格两条附则的推论。在前进连环式中, 其余小前提都是各三段论式混合的结论, 如果最后前提之外有①前提是否定, 则这些混合的①结论──即其小前提之决定有否定命题

小前提必须是肯定,不能是否定,只有最后一前提才能否定。这也是第一格的特别的应用。

J. 後退連環式的規律：
(一) 第一前提可以是否定命题,其馀前提都须肯定。
(二) 最後前提可以是特称命题,其馀前提都须全称。

以上乙例分成三個三段論式如下：

第一式：
　　欲正其心者,先誠其意,
　　欲修其身者,先正其心,
　故 欲修其身者,先誠其意。———— 結論一,混合

第二式：
　　欲修其身者,先誠其意,———— 一。
　　欲齊其家者,先修其身,
　故 欲齊其家者,先誠其意。———— 結論二,混合

第三式：
　　欲齊其家者,先誠其意,———— 二。
　　欲治其國者,先齊其家,
　故 欲治其國者,先誠其意。

这种連環式最加容易看出是第一格的三段論式。它的規律所以是第一格的兩條特别的推演。連式中,只有第一前提是大前提,其餘前提都是小前提。大前提必须全稱,至於是肯定是否定,没有関係,所以第一前提可以是否定。小前提必须肯定,所以其餘前提都须肯定。同時只有最後前提可以是特称,因為如果任何其他前提是特称,則混合的結論之中就一定有

特稱命題，而混合的结论都是其中一個三段論式的大前提，大前提必须全稱，所以它們的都须全稱，~~正不能特稱~~不能是特稱，只有最後前提别無關涉，可以是特稱命題。

(5) 不规则体——有若干正確可靠的推证者，說成不合三段論式的结構的體式，這等體式，名叫不规則体。~~凡凡凡~~ 幸凡關於大小，~~長短~~長短，前後，上下，快慢，久暫等——即所谓關於空间時间的推证者紀容易說成不规則体。例如：

甲大於乙
乙大於丙
故甲大於丙

這個推证~~式~~就是所謂不规則体，式中含有四個名辭（甲，乙，及"大於乙"，"大於丙"），但仍正確可靠，原因在乎"大於"關係是所謂傳達性（transitivity）的。假如是甲>乙，乙>丙>丁>戊……，刪掉其中任何一項，使不影響其他諸項的關係。上列一式，就是刪除乙項的一種推证，甚正確而不缪。假使我们一定要把這式改成合乎三段論式的结構，事實上亦非决不可能，不過形式上要党得硬一些罢了。改的方法，只消將原例列為大前提即得：

凡是"大於乙，大於丙者"之物是大於丙者。
甲是大於乙，大於丙者之物
故甲是大於丙者。

試再舉一例：

甲在乙之东
乙在丙之东　　　　　　　丙　乙　甲 → 东
故甲在丙之东

这个论式之中有四个名辞(甲，乙，乙之东，丙之东)，但仍旧是可靠，因为根据一个可靠原则，凡是在乙在丙之东者(乙)可之东之物是在丙之东者，将此原则作为前提，尔可改成合式的三段论式如下：

凡是在乙在丙之东者(乙)之东之物是在丙之东者，
甲是在乙在丙之东者乙之东之物
故甲是在丙之东者。

概念

1. 概念之形成

分四步：1. 比较
2. 抽象或拾象
3. 概括
4. 命名

讲二性：1. 常存性（本有性）
2. 偶有性

2. 概念之内含与外延

每一概念均有二方面：一面是内含（intension），一面是外延（extension）。内含是说该概念所含有的常存性，外延是说该概念所可适用的范围。当以"人"为例，据内含讲，"人"是指人的经常属性，为有生命，有理性等。据外延讲，"人"是指各种各数的人，为中国人外国人等。

概念有这两方面，代表概念的名辞亦有这两方面。不过我们平常用名辞目偶或有所偏重。当：

君君，臣臣，父父，子子。

又平常运思时，常易想及名的外延，而不易想出名的内含。

a. 内含~~的深浅~~和外延的关系

我们讲内含时用深浅分别,讲外延时用广狭分别。内含的深浅和外延的广狭大概成反比例,内含加深一层时外延就要减狭一圈。如~~图~~从物到生物,从生物到动物,从动物到人,内含渐次加深,外延渐次减狭。各概念的内含如下:

物 = 存在的,
生物 = 存在的 × 有生命的
动物 = 存在的 × 有生命的 × 能动的
人 = 存在的 × 有生命的 × 能动的 × 有理性的。

各概念的外延如下:

物 = 动物 + 植物 + 无生物
生物 = 动物 + 植物
动物 = 动物
人 = 动物之一部

以上的情形~~某某~~可在三角上若干标示之。如第一物的内

含~~若浅~~,至生物含义较窄,至动物含义更窄,至人而极。但外延则以人为最小,以次渐大,至物而极。此者=。故内含与外延之情形常成反比例。

3. 概念之种数

概念或名辞可按种以标准分为若干数。

1. 从外延的大小分，可以分为

　　专稱概念 (individual or singular concepts)
　　普通概念 (general concepts)

两种。前者是指特定的事物，如"孔子"、"上海"。後者是指同一类的许多事物，如"山"、"川"、"草"、"木"。任何一塊山，都可称以为山，任何一條川，都可称之为川。其通用無定位，亦無定數。如说"山"不是说"某山"，亦不是说"一山"。

論理学上说专稱概念，与文法学上所谓特有名词不同。論理学上所谓专稱概念或专稱名辞，是指所谓思想上独其單一，~~绝无第二之意義~~者。所以它的范围，比文法学上所谓特有名词大。文法学上所谓特有名词，固然都是专稱概念，就是文法上所谓普通名词，如果所指为思想上独一事物，如说"东方最大的都会"，亦仍视为专稱概念。

专稱概念可以借用为普通概念，如说"孫中山是中国的華盛頓"，这里華盛頓是指任何革命元勳，这個華盛頓便是一個普通概念。

2. 从应用的分合说，可以分为

　　個別概念 (distributive concepts)
　　集合概念 (collective c.)

前者可通用於全體中的任何個體，即前所谓普通概念。

后者只能适用于各個体集成的团体。如说"树林"，说"兵士"，是個別概念，说"森林"，说"軍隊"，便是集合概念。

但個別与集合的分別，不在其形式，而在其用法。如集合概念用以同一类中的各個体，仍当视为個別概念。如说这個軍隊，那個軍隊，学校中所謂班，亦是如此。故就其对别分子而言，便是~~個別概念或~~集合概念，就其对别所有以而言，便又是個別概念或普通概念。

中文中所有"二字常可指二种概念。要看其用法为何而定。如说"所有三角形的內角都小於二直角"，这"所有"就是分別（distributively）应用於分子，是個別概念，再说"三角形所有的内角等於二直角"便是集合应用於合体，就又是集合概念。

3. 從概念间的關係分，可分为
　　對待概念
　　矛盾概念
前者指两者之差为分量程度之差，如美醜，善惡，長短，大小均是。其間可有中位的情状，~~如不美不醜~~；後者是说一概念对於他概念的否定，其間不容有第三者。例如有機体与无機体，是与非等。

4. 從屬性的存在分，可分为
　　积极概念
　　消极概念
前者指屬性的存在，如自由，平等等，後者指屬性的不存在，如不自由，不平等等。消极概念之前，大概有不，无，非等字为標识。
　　积极概念，消极概念，亦常简称正概念，负概念。是論理学上的两种重要概念，必须辨别清楚。

一切词名，凡有不相等者为标记者，大概为名概念。但在汉文，自常各说而最近乎正者尚不少。为无耻，非谓耻之不存，而谓可耻，为无价，非谓无价值，而谓价值最高，为无上，非谓无而谓最上。又为不便，虽为便之反，而□含困苦义，为不经济，虽为经济之反，而含浪费义。又有其语确为名义，而其正义非在□其名字□即可用者。为不肖为一名名，但正名为贤，不为肖。不佞为一名名，正名为才，不为佞，佞□倒是大家憎恶的品性。

与名名相似者为有残缺概念（privative concepts），原这有以属性残缺不具。为人应有眼而今残缺，谓之盲，应有耳性而今残缺，谓之聋。聋盲便是残缺概念。论理学家以此种概念含有二义：一为应有，一为今无。以其有两种属性，与上所谓正名名异异，故于正名之外更列此类。其实此种概念与名名皆无分别，尚无必要。

假言三段論式

1. 三段論式之種類

三段論式一共有三種：其前提由定言命題構成的，叫做定言三段論式；其前提由假言命題構成的，叫做假言三段論式；其前提由選言命題構成的，叫做選言三段論式。其中定言三段論式可以簡稱三段論式。前面說的三段論式都是定言三段論式，現在接著說假言三段論式與選言三段論式。

2. 假言三段論式之結構

假言三段論式都是以假言命題為大前提，以定言命題為小前提。定言命題與假言命題之區別，簡單說來，可以說：定言是無條件的，假言是有條件的。如云「甲是乙」是無條件地對甲肯定為乙，而假言則是有條件的。例如說「如果天下雨，則地下濕」。「地下濕」附有「天下雨」為條件。假言命題可以看作兩個定言命題複合而成。一個定言命題表示假定的條件，如例中的「天下雨」，做假言命題的前一部分，稱為前件 (antecedent)，一個定言命題則如例中的「地下濕」表示跟隨的結果，做假言命題的後一部分，稱為後件 (consequent)。所謂前件後件係依兩個構成部分的關係而定，並非依照辭句的先後而定。如說「他就上課，如果他病好"，就是将后件"他就上课"排在前面，前件"他没生病"排在后面。大概假言命题的前件"倘""如""如果""假使"等字样，后件带附有"则"（※附有"便"）"就"等字样，形式上点比较容易辨认。文言中"而"之一字用在主宾之间点常有"的""倘"等字之功用，如"人而无礼，胡不遄死"即其一例。

3. 假言三段论式之规则

定言三段论式是以大中小三个名辞的关系为根据进行推论，而假言三段论式则以前件和后件的关系为根据进行推论。关于前件和后件点即关于假言三段论式有下列两条规则：

1. 承认前件可以即便承认后件。
   否认前件不能即便否认后件。

2. 否认后件便否认前件。
   承认后件不能便承认前件。

（二）出访讲学和片段研究手稿

出访讲学手稿

〔1964年四月1日在杭州大学讲〕

语言研究讲话

一、当前语学社会科学工作者的战斗任务

二、一个关于语言学研究的四点方案

三、我们如何逐步前进

一、当前哲学社会科学工作者的战斗任务

中国科学院哲学社会科学部学部委员会曾经在去年十月二十六日至十一月十六日，用了二十一天的扩大会议，讨论哲学社会科学工作者在目前国内外形势下的战斗任务。中共中央宣传部副部长周扬同志在会上作了题为《哲学社会科学工作者的战斗任务》的报告。出席会议的将近五百个人都极其聚精会神地讨论了这个报告。

现在，革命的马克思列宁主义同现代修正主义之间正在进行着一场有伟大历史意义的大论战。它是马克思主义发展史上第三个时期的大论战。这场论战关系到世界革命的前途，关系到全人类的命运。哲学社会科学工作者必须参加战斗，发挥积极的作用。

马克思主义历史发展,大体上可以分为三个时期。第一个时期是马克思、恩格斯的时期,从十九世纪四十年代到九十年代,大约经过半个世纪的时间。第二个时期是列宁、斯大林的时期,从十九世纪九十年代到二十世纪五十年代,也是经过半个多一点世纪的时间。现在,马克思主义已经进入第三个发展时期。

三个时期的论战中心,是逐渐地由西向东推移的,由德国而到俄国,而到中国;三个时期的论战问题,也是由积累起点逐渐加多,而更加广泛,更加深入。马克思、恩格斯,列宁、斯大林,每当革命运动中心推移到他们那里的时候,他们就都当仁

不計地担当起他伤应当承担的责任，
最近革命运动中心转移到中们来，我的
党中央也是当仁不让地承担起捍卫
和发展马克思列宁主义的任务，发表了
关于国际共产主义运动总路线的建议，
以及在它前後发表的一系列的文章，
从政治上和理论上对现代修正主义进行了
深刻的揭露和批判。现代修正主义的"三和"
("和平共处"、"和平竞赛"、"和平过渡")"两全"
("全民国家""全民党")的理论，所坚持的实际是
不要革命，反对革命的路线，是投降帝国议，
瓦解社会主义阵营，瓦解共产主义运动的路线。
现代修正主义全面地篡改了马克思列宁主义
的革命路线和理论基础。在苏联学术领域的修正主义，

有一部分人的修正主义思想，路线
而正随着修正主义政治的发展而逐渐发展起来。苏共领导
他们配合所谓"反对个人迷信"的运动，在"消除个人迷信"的口号之下，对斯大林的全部理论著作，一概加以否定。他们在哲学、经济学、政治学、文学、历史学等学术领域中，都篡改了马克思列宁主义的基本原理。哲学社会科学工作者必须与之作针锋相对的斗争。

我们的战斗任务是极其艰巨的。有人怕犯错误，我们在斗争中也说不定会犯这样那样的错误。只要我们不怕犯错误，而又勇于改正错误，我们将就在锻炼中成长，一些原来不是革命者的人可以成为革命者，一些原来不是马克思主义者的人可以成为马克思主义者，而一些原来是革命者、是马克思主义者的人

更得在斗争中乃到进一步提高。

或谈语言学研究

二、关于语文研究的一个建议

关于中国的语文科学或语言科学的研究，我想提出一个纲领性的建议，供大家参考。

我们的建议包括四点：

甲、以马克思列宁主义毛泽东思想为理论基础，指导思想；

乙、以中国语文事实为研究对象；

丙、批判地继承我国语言学遗产；

丁、批判地吸收外国语言学研究成果。

这四点可以布置如下

　　　　　甲

　　丙　　　　丁

　　　　　乙

第一、第二是上下两头，必须紧紧抓好这个两头进行
甲和乙

一切方面的语文研究。以下{我们把它}来讲一下。

1. 以马克思列宁主义毛泽东思想为理论基础，指导思想。

现在我们各门都在学习毛泽东思想，学习解放军学习大庆油田经验。学习解放军，学习大庆油田经验，就是学习毛泽东思想。哲学社会科学部学部委员会扩大会议，也~~号召~~曾经号召各社会科学工作者重新学习马克思列宁主义，毛泽东思想，在社会科学的各个领域中树立起马克思列宁主义的旗帜。

重新{学习}马克思列宁主义毛泽东思想是必要的。马克思列宁主义是在战斗中{成}长的，马克思列宁主义正在发展，我们必须重新学，也只有在战斗中学，才能学得深透。不管过去学过多少，都须重新学。

学的目的是为了用马克思列宁主义来武装自己。

按我看来，假使学得好，可以得到两个大用处：

一个是改造我们的立场、观点、方法，就是我们的世界观；

一个是做我们研究的学术以理论基础。

理论基础，打得巩固，才不会迷失方向，误入歧途，才有可能保证我们研究~~~~~~保持又红又专。

学的方法最好是"带着问题学"，或者说~~~~"带着任务学"，使理论与实际相结合。

2. 以中国的语文事实为研究对象。

研究要从实际出发，调查研究语文实际，从实际中探索语文规律，发现语文规律。

所谓规律，大家知道，就是对象的本质的关系。所谓本质的关系就是共同的
必共的关系。

事物的共同性，必共性只能从所研究的事物的本身上□得，所以必须深入实际，探索实际，从实际中去发现规律，不能凭空揣思，也不能生搬硬套。

中国的语文实际到现在为止研究得比较多的是文语，汉语研究得比较多的是现代汉语。这在研究的程序安排上，我以为是不恰当的。因为我国说汉语的人数占我国人口

的90%以上。现在全国人民的交通往来和交际，日益频繁，语文教育也日益发达，迫切需要知道汉语汉文的规律。

几年来经过一系列的阶级斗争和社会主义教育工作，各条战线上的思想面貌正在发生深刻的变化。新道德，新风尚正在日益发扬。

现在又正以高涨的革命热情，深入开展阶级斗争、生产斗争、和科学实验三大革命运动。

这一切种种都将有影响及於语言文字，研究的内容极为丰富。

还有汉语汉文正在进行"文字改革"工作：

推广普通话

汉字简化　最近中国文字改革委员会、文化部、教育部
　　　　　又发出联合通知，
汉语拼音　以确规定简化偏旁的使用范围
辞典　查字法尚点在改进
　　　编排

研究内容比过去任何时候都更为丰富，也都迫切
需要我们研究。我们语文工作者应该挑起
责任来。

以上的题是我们研究工作中必须要始终抓住
不放的。

3. 至于〈我口语言学遗产和外日语言学成果〉在学习的时候当然很重要，应当虚心研究他们的经验，但在研究的时候必读掌握上生的 紧紧头，给以分析和批判。

这就是我和我的同事们所 要努力 实行的 方案，也是很想邀约集志同道合的同志们一同来走的一个建议。

三　我们如何逐步前进

我们如何逐步前进，正在总结，还没有总结出来，这里只能简单谈谈，请同志们指教。

我们的工作，首先有感于毛泽东主席所说的有些学者"言必称希腊，对於自己的祖宗，则对不住，忘记了"那样的情况，不宜继续维持下去。我们不应当继续机械地照抄照搬。看见别口语言语尾变化多，就在我口的语言上到处找尾巴，甚至以为没有尾巴就不能定词类，讲文法。而外口人则都我们在中口的语言上尽量找尾巴。例如有一位苏联人论汉语，就是这样的。尾巴是不是在一切语言中都有那么大的用处？不依靠尾巴是不是就不能讲文法？就值得我们从根本上从原理原则上来加以考虑的。

语言研究之中最需要破除迷信，求寻新的解决方法的莫过于文法。我们应集中力量，解决研究文法的问题。我们依据马克思列宁主义原理，毛泽东思想，看清整个事物的彼此之间都有关系和联系，语言的单位之间也都普遍地存在着关系和联系，我们可以从它的关系和联系中寻求它的共同性，发现它的规律。所以我们就抓住前面所说的两头，就是马克思列宁主义原理和中国语文事实，进行了一系列的调查研究之后，就决定抛弃一直流行的意义（概念）中心说和形态（词尾）中心说，而采用以音义结合的成分单位的功能中心说。就是从关系上研究语文的组织规律。

我们始终 例如一讲到文法，就讲些数格的文法纲要等。

坚持以马克思列宁主义毛泽东思想为理论基础，在毛泽东思想阳光照耀下解决一切学术问题是我们大家前进第一步。

第二步 我们根据中国的语言事实，着手改革一般语言学。我们不赞成有些讲一般语言学的人把不曾概括汉语事实，不能适用于汉语的种种说法，当作天经地义地在那里讲，外国人那样讲，还可以原谅，因为他们不懂汉语，中国人也那样讲，而且是在对中国人讲，那就不能以藉口，而不懂汉语。总就是他是存心在那里咒骂汉语。这种咒骂，必须停止。

我们主张一般语言学组立该同汉语组共同讨论一般语言学问题。由一般语言学组提稿，一般语言组提出的说法为要汉语组题为不符合汉语事实，有权否定其为一般性。不是否定其为个别性，而是否定其为一般性。有人说如果这样否定，多加一般性不是将减少得很多吗？是的，原为不是一般而把当作一般的虚假的一般性会减少了一些，而实际上真正是一般的真实的一般性是不会减少的。减去虚假的一般性，留下真实的一般性，不正是科学的一般语言学所应当要求达到的吗？如果材料不够多，我们还可以用大量汉语材料补充进去，汉语组应当负起补充材料的责任。对汉语说来，一般语言学迟早是要这样加减改造的，有条件的应当尽早做起来。

第三步是搞古今中外的关系，决定把屁股坐在中国的今天，一只手向古代要东西，一伸手向外口要东西。

过去讲中和外的中外派和同讲古和今的古今派相对立。因为中外派讲中外是以外为主。古今派讲古今是以古为主。外口的今学和中日的古学，方法既相差很远，思想的基础点极不相同，自然难以合在一起。文法方面有陈承泽的主张独立研究说，就有胡适的比较研究法反对它。修辞学方面有唐钺的仿照外口说，也就有郑奠氏所用"外套"这专排斥它。假如讲中外而就以中为主，讲古今而就以今为主，且既生在中日的今天，同从一个实际出发，又以同一的原理原则为指导，我们相信，不但大家不致不可能合在一起，成效怎样是可以预期的。

这是我们几年来努力实行的三个要点。我们也愿批按实这三个要点的一些经验综合成为上面说过的一个四点方案，准备更加集中力量，也邀请同志们朋友们广泛参加，争取些在这个学科上统一认识，解决一些关键性的问题（文法修辞），以便大家共同前进。

同志们，朋友们，最近中国语言学界已经有一种新的风气正在形成。语言学的基本建设工作，已经陆续有人在做。以后青年学习语言学可以比过去容易些。一些错误流行学说，已经开始发动批判。以后要辨别语言学说的是非曲直，也可以比过去较为容易些。语言学虽比较抽象，但也不难看出它的基础理论是否正确，事实根据是否充足，大家都已经感（深切）

感觉到需要从根本上努力。还有，互通声气，互求协作的好风气也已在某一部分的人们间形成。如果循着这个趋势发展下去，我们语言界一个新的前所未有的革命化的新时期必将到来。我们相信，在党的领导下，这种趋势是会发展下去的。我们的前途是无限光明的。我们所遵循的是世界上最伟大的真理，马克思列宁主义毛泽东思想，我们所钻研的是世界上伟大人民所使用的伟大语言/汉语。只要肯下过硬功夫，我们大家一定能够取得应有的成就。祝我们的同志们朋友们在即将到来的新时期中都有新的成就新的贡献。

10

提题 古汉语为何古为今用？

有人问：我们是研究古汉语的，为何把马列主义运用到古汉语中去？　研究古汉语也要运用马克思列宁主义普遍原理，根据古汉语事实，进行研究。要想古为今用，必须十分了解今。
需要

提题

有人问：目前古汉语的文法体系是从现代汉语中搬来的，而现代汉语的文法体系又模仿外国，怎样才能建立古汉语的文法体系？

不必另立古汉语体系，只须在建立汉语文法体系时照顾到古汉语就可以了。
差不多。

还有人问起总结：除词现象解放以来大有发展，研究方法我认为要通

片段研究手稿

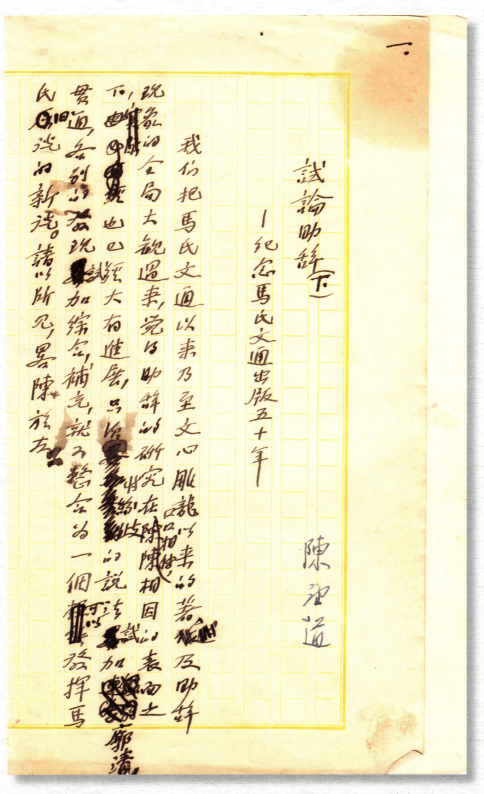

一、助辞是不是有意义

我们先从一般的问题说起。助辞是不是有意义这个问题。

但讲来语文上碰到的问题。过去对於这个问题有两种说法：一就是助辞无意义说，二就是有意义说。这两种说法都容易在本国为流行，其实都得从新讨论。辞来对撑助辞及一般虚辞的说法。这上说不通。所谓一般的实际也不过是常识，但此其是常识，倒来实多不注意以致陷於如抽不通而不自觉。故姑首先辞释，为问题本来是常识的。我们可以试後常识如问察为研究：

试问文法 卌卌卌 是 中共糜烂的?是中国语言(文学)，卌卌卌 为对象

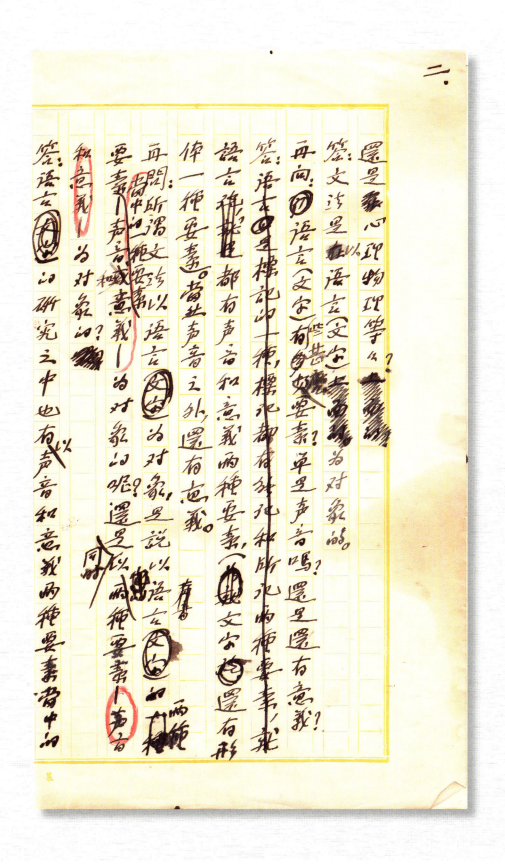

二.

还是象心理、物理学么？

答：文艺诤是以语言（文字）为对象的。

再问：语言（文字）有哪些要素？单是声音吗？还是还有意义？

答：语言即是操记的一种，操记都有形式和所代两种要素，(即文字也还有形体)语言在声音和意义两种要素（）都有。声音和意义两种要素，一种要素当然是声音之外，还有意义。

再问：所谓文艺是以语言所以的要素（声音或意义）为对象的呢？还是以两种要素——声音

和意义——为对象的？

答：语言（文字）的研究之中也有以声音和意义两种要素皆中为

一种○为对象的,始以声音一种要素为对象的,有○音等,以意义一种要素为对象的有○○○,以声音和意义两种要素为对象的文字等是以声音和意义两种要素缔结所成的辞为对象的。每一单辞都有表音和意义的要素,两者缔结成一单辞的定义○○○○书有○○○这一点黎氏的定义,对辞是"说话的时候表示思想中一个观念的语词,内中也有虚辞的○。○○表示○意义。○○○○助辞○其他虚辞的意思意义是"说○○○揣摸的出未说的助辞式,若说助辞没有意思意义,除却助辞式与单辞的定义不相容外,也就是义,除却助辞不是单辞,在一般的原则上不合通,故所谓助辞无意思或无意义之说

只是○力
其实○"意思意义"

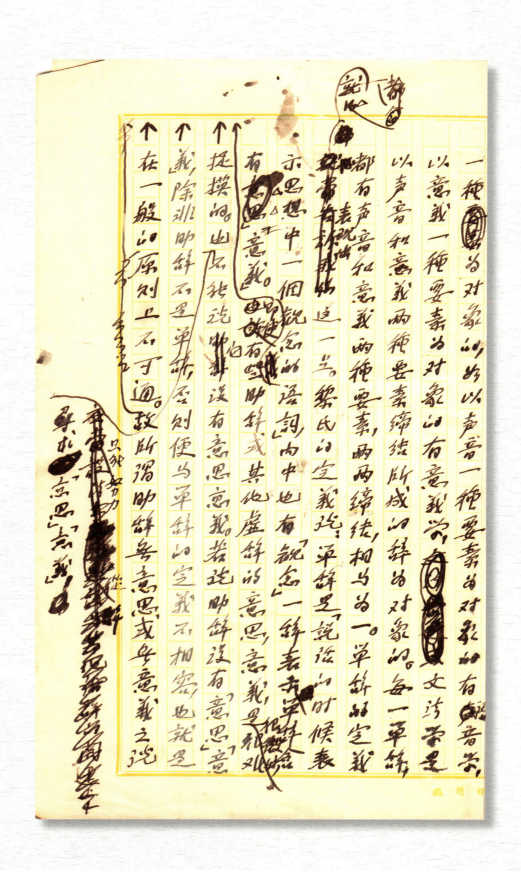

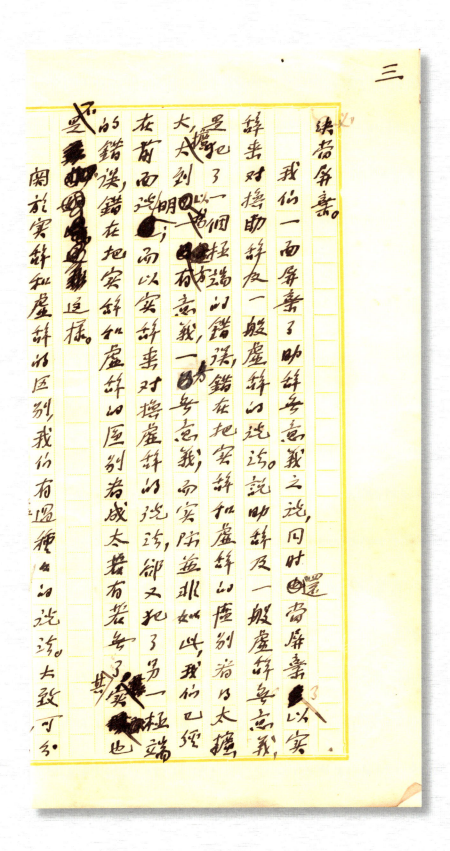

三

决者屏弃。

我们一面屏弃了助辞无意义之说，同时还肯屏弃以实辞来对搿助辞及一般虚辞的说助辞及一般虚辞无意义是犯了一个极端的错误，错在把实辞和虚辞的区别看得太大，大到以实辞和虚辞的区别看成太若有若无了；其实，也就是说以实辞和虚辞的区别看成太若有若无了；而实际并非如此，我们必须在前面说明，而以实辞和虚辞的区别者成太若有若无了另一极端的错误，错在把实辞和虚辞的区别看得不受⸺⸺⸺这样。

关於实辞和虚辞的区别，我们有过种种的说法，大致可分两路。一路①着眼在①意义（概念上）的区别。②、马氏文通解说成"凡字有事理可解者曰实字，无解而惟以助字之情态者曰虚字"，便是这路的一说。此在"中国现代语法"里外称为"理解辞"、虚辞的情况，王力氏在"中国现代语法"里外称为"理解辞"、虚辞的情况，也是属於同一路。

我在"文法革新问题答客问裡（文法革新论丛篇二，页一五四至一五七），何容氏在"中国文法论裡（页六至八），都是取这一路。依这路的说法，实辞是在组织上能够独立的，可称为"自立辞"；虚辞是在组织上必须依附他辞的，可称为"他依辞"。由辞典上说，他依辞连上说解，他依辞必须连上说解也能够成一节次，的主辞约关连上说解，倒如中国语的"风""云"都是自立辞,"大风起兮云飞扬"的"兮"是个他依辞。自立辞可就其自身寻求解释,他依辞必须就该辞与自立辞的关连上寻求解释,者它为何限制自立辞的何像,故也可说意义。

自有两种:一是自立辞一实辞的意义,一是他依辞一虚辞的意义。我以为虽说实。辞对撑虚两种意义,我以为是不同的意义,我以以安。辞的意义。

虚辞的意义以"说虚辞者所"给。

二、对於语气 辞气 口气 等用语问题

再说语气辞、口气等用语。语气辞、口气等用语，含义实在太不一定，似乎很难罢定。对於这等用语，我们至多只能採取中立的态度，既不坚持，也不排斥。

语气辞、口气等用语，包含的範围可以很宽。赵元任氏曾历举田七种表示的方法：(A)用实词（乙）用副词（状词）或连词，

（甲）"词式"的变化（inflection）（乙）用单味词（interjection），
（丙）"用语调"的变化（丙）"用语助词"。
这七种方法，除了第三种词式的变化一种外，都是中国语里所有的。他对於(A)(乙)两种的例是：
（一）"用实词"：(1)我想今天许会下雨。(2)谁料到他会嫁嘞这个人勒！
（二）用"副词状词"或连词：(1)这事情一定要失败(2)他现在要勒

就过饭，倒比从前快活勒。(3)他现在要勒亲勒，所以没有从前那麽快活勒。(清华学报第三卷第二期"北京，苏州，常州语助词的研究"页八六五至八七七)

若了这些例，便知语气等语所包的范围为何大。如果定要用"语气等语来说"助辞，依赵氏的用例，便窄把佗廣我用，可以拟合六种方法的用语，编小成为佗马氏的用例，也当把佗廣我用，可以拟合四种方法的用语，编小成为佗虚辞的用语与民气与气皇气等都是

助辞这一种虚辞的
很大涉及我们似取可以
用语一同作普通用语，不必有用在助辞上。

仲缩（出入）

起先以尚谈"名学浅说",曾见严复氏~~严复氏~~攻击过"气"字的滥用,~~新物并一物~~况在谈到"气"字可以翻出来者么?

有时所用之名之字,有难敷求其定义,万万务从者即如中国老儒先生之言气字。问人之何以病,曰:邪气内侵,问国家之何以衰,曰:元气不复。於贤人之生,则曰閒气见吾定忽或,则曰湮气,他若厉气,淫气,正气,馀气,鬼神者二气之良能或於随物可加。今试问先生所云气者,究竟是何名物,可举似乎?吾知彼必茫然不知所对也。达则凡先生所一言所知者,皆谓之气而已。……出言用字如此,敌使治精深严破之科学哲学,庸有当乎?今请与吾党铭釖,纵谈理论束,再不乃乱

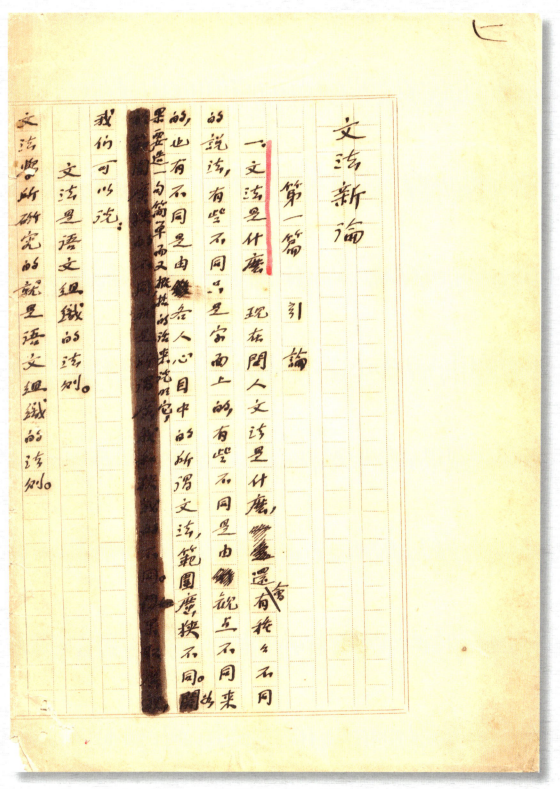

文法新论

第一篇 引论

一、文法是什麽

现在问人文法是什麽,恐怕还有种种不同的说法,有些不同只是字面上的,有些不同是由种种说法来的,也有不同是由各人心目中的所谓文法,范围广狭挨不同。[如]果要造一句简单而又搋括的话来说明它,我们可以说:

文法是语文组织的法则。

文法学所研究的就是语文组织的法则。

这句话里可注意的有两点：一是组织，一是法则。说组织是所以别于非组织，壁如或说国群，或说国故，或说国学，辞趣各不相同，这些不同就此是属于语文的，但与语文组织并没有直接关系。

所以这就不是属于语文范围里面的文法研究对象。

第一是组织。组织不能自由自主的，或是紊乱无章的安排，这就又有所谓法则。文法上所谓法则，是由社会的习惯形成的习惯法则。习惯不同，法则也就可以不同；习惯变了，法则也就可以变。它的形成和它的变动，都不是由谁有什麽通盘计画的行动。

因此所谓法则实际上成是"是累积成的"什麽一气呵成的东西。假使用了批评家的眼光去看，也许不难从大家遵循的所谓法则之中找出一些多馀的或者缺少的来。胡适先生在国语文法概论里就用过这样的眼光去批评古文文法。他举了我个古文史很浅近的例：

例一 知我者，其天乎？（论语）

例二 莫我知也夫？（论语）

例三 有闻之，有见之，谓之有。（墨子非命中）

例四 莫之闻，莫之见，谓之亡。（同上）

指出运「闻」「我」个例里西两个「我」字都是「知」字的对象辞，四个「之」字都是「闻」「见」字的对象辞，在辞句里的功用是相仿的，但例二的「我」字和例四的「之」字都必须翻到动字的前面，而翻的

例五 的「我」字和例四的「之」字都必须翻到动字的前面，而翻的

条件又很就难。(一)要是否定句，(二)要是对象辞，(三)(所以例一和例三不适用；(二)要是对象辞，而上有动字可以带着它，别种动字不适用；(三)要是代字(所以"不知你不知天等句致合上两个条件，而不合第三个条件，仍然不适用。他以为这是很烦难的，他竟是多余的，所以一般寻常百姓就同他作对，把它改过来了，改成现在这样一概不数。(胡适文存卷三。假使用了批评的眼光去看，像他这样觉得多余，觉得可以改革的地方，自然不难找出多少来在这样的时代，别的地域的人看着，更加容易找出；但那讲的，尤其是别的时代，别的地域的人看着，更加容易找出；但那讲在当时当地，却常带有规范性质，为各个主体之间互相传情达意所必须遵循的手术，稍微走样，或者还不觉得；差的再多，就舍觉得像不合式；再多，又会觉得不可捉摸，更多，或竟发生误解，也料不定了。就像倒一，假住也把"我"字搁在"知"字前而就有发生误解的可能。从这立上看来，它为各個主体之間互相理解所必须，正和一般邏輯相彷彿。

二、文法範圍的大小

所謂"語文組織"的法則這段話頗有伸縮的可能，因此所謂文法也就可以有所謂廣義就和狹義。廣義就把文法的範圍定得大，取狹義就把文法的範圍定得小。固定大定小的由來，全在對於所謂語文的解釋上，要它包括得多，還是要它包括得少。而所以有時要語文包括得多，有時又要所謂語文包括得少，又全是为了方便。大概依程度而论，初级的書常是包括得多，以便许多關於語文的各種組織的诊别都可以聚在一家讲你時代而論，又是早先的比較包括得多，也許多關於語文組織的诊别，就犹如知道到門别類，却不把有些部分剔開在那範圍裡面，所以語文就包含了最大的領域。我们替它判别起来，大约可以判别为四大部分：

(1) 文字的組織（包括形体、声音等）

(2) 字語的組織

(3) 辞句的組織

(4) 篇章的組織

有些讲文法书就是按照这样的范围做的。尔文与书官话就从声音讲起，汉文也从文字的形体、音韵、训诂讲起，都按这里所说的(1)项，文法会通又讲到布局为止，包括这里所说的(4)项。这是所谓文法的最大范围，也就是所谓文法的广义。这广义，我们现在也还有时要用到它，例如我们说文法的历史的时候，或者说在此课有时候，但在此较狭义的文法书里，我们要编辑近教科书的时候，(1)项说在已经把这(1)(4)两项移开了。(1)项说在已经学语音学等专门的研究，(4)项他因组织比较自由无拘束，跟(2)(3)有点不同，宽，(4)项也把他作为独立的科目。说是广义的文法范围中腾下来的，投出来(2)(3)两项。这就是现在所谓狭义的文法。

三、文法一语所代表的三方面

个字语代表着一个方面的,如历史这一个名称,就有这一种情形。

冯友兰先生说:

历史有二义:一是指事情之自身,如说:"中国有四千年之历史,"说者此时心中非指任何史书必通鉴等,不过谓中国在过去时代,必积有四千年之事情而已;此所谓历史,当此是指事情之身。历史之又有一义,乃是指事情之纪述,如说通鉴史记是历史,即依此义。所谓历史者,或即是其主人翁之纪述。若欲以二名表此若欲以二名表此会体,或即是历史家对于此治动之纪述。

此二义,则事情之自身可名为历史,或客观的历史,事情之纪述可名为"写的历史"或主说的历史。(中国哲学史第一章十六页)。

历史一个名称这样分别,文法这个名称也有同样的情形。

文法这个名称所代表的内容可以分作三方面。第一方面是文法的本身,就是前面所谓组织的法则。我们有时说某时代的文法就难的地方的文法规律特点……存在的它的历史。这方面的研究

可以说"跟语文的历史一样的久远",这一定要有语文差不多就有了它的研究。

文法,不论有没有人去研究它,总是客观上存在的它的历史。

文法难的地方的文法规律特点……存在的它的历史。这方面的研究

萌芽。第二方面是文法的研究,这一定要有语文差不多就有了它的人总会出现。而文法的精微深妙,往往为用的人所不自觉,莫不是特用

它就犯研究它；研究者的出现通例要在语文上发生问题，此简的运用了的正名篇所谓"志有不喻之患，而事有困废"之祸，因而引起了深沉的思索，或是语文上发现了歧异的现象，或是古语和今语的歧异，或是外来语和本地语的歧异因而引起的。这方面的文法的历史自然要比第一方面的研究整理了许多。第三方面是文法的书籍，这是把第二方面的研究的还要经现在对于这方面写成的，它的历史又比第二方面通例起来这个名称代表它。它在代表哪一个时代的文法烧方面通例新用文法这个名称上去辨别。如说其时代的文法烧要由它的用法，或说它和中客上去辨别。如说其时代的文法烧难，或说某地方的文法烧难，我们说知道是指第一方面，说文法

生活辑笺

A 20×25=500

的客观的存在。再如说仿模文法，我们就知道是指第二方面，说文法的主观的认识。再如说文法可以语文合编或说文法应看文法引编，我们就又知道是指第三方面，说文法的文字的表现。语文引编，有时因此可以发生误解，但误解大概由于疏忽，或是由于[不知道]不知道这样辨别，如果知道，又肯注意，也可以三方面不分，有时因此可以发生误解，但误解大概由于疏忽，或不致出错。若要有分别，也未尝不可以称第二方面的文法为文法学，第三方面的文法为文法书。

四. 文法的种种别名

文法是一个译名，它的西文名称就是马建忠所谓葛郎玛（英 Grammar，法 Grammaire）。当译名还未统一的时候，曾经有过种种不同的译名，有的译文名（英国人母篇丕和中国人张儒珍合著的文学书官话，一八六九年出版，有的译文谱（先严复编的汉文汉话，一九〇四年出版。那些译名，现在都已废弃。

又当有人把文法叫作文法和文典两个名称，称文法为法，称文法书为文典，为章士钊氏著的中等国文典（一九〇七年出版中就将文法和文典两个名称这样分别用。这种分别，现在也已经不通用了。

以上种种文法的别名，差不多可以说已经成为历史了，研究文法历史的时候，还会用到它们；另外还有上面的陈述，只有我们的别名，却是现在也还相当流行，再过一些时候也可以统一起来。那就是有人把"文法"的"文法"者作"文言"，把"法"者作"语法"即玛，关於语体的文言的文法为"语法"，跟有些人把"文法"两字者作为玛即玛，关於关於文言文法称为"文法"。

同样两字者作为玛即玛，关於关於文言文法称为"文法"。

作的文法为"语体文法"的用法不同。这称歧异要总有种不便，既此不妨统一起来。

以答句随便，不过用语歧异要总有种种不便，最好是把"文法"两字者作为来，总以统一的方法最好是统一起来。是我十年来比较通行的用法本

即玛的译名，不妨拆用。

青也就接用这一种用法。

五，文法的研数对象语体文法和文言文法文法可以有种类

数别。依据研究的对象是语体是文言，可以把文法别作语体文

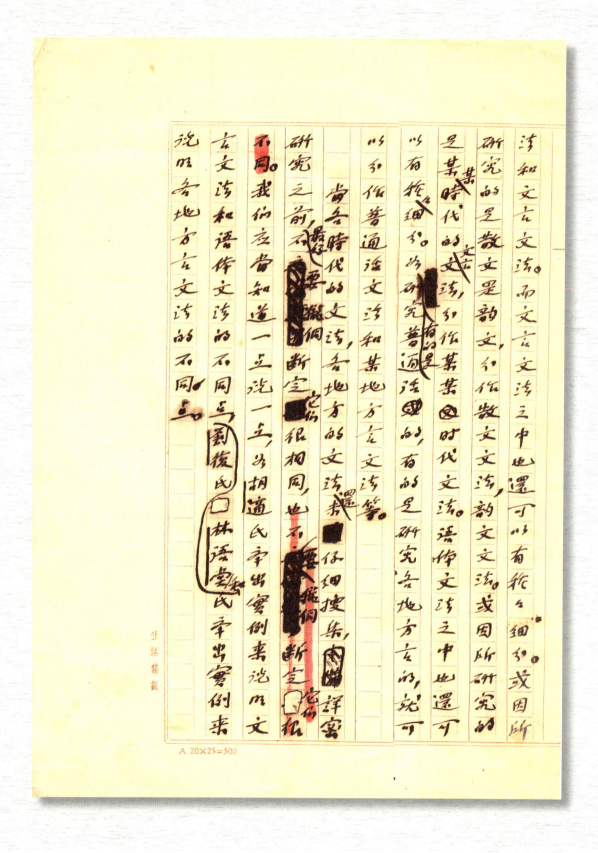

重印前言

这是四十年前写的一本小书。当时我正以边读边记的自学方法，读完了文字艰深晦涩的主要因明学著作和一些文字比较简明平易的因明学讲义和论文，有几个青年要我为他们讲述一点因明学知识，我就每星期花了两个晚上的时间，为他们写了这本因明学概略。书中常把因明和逻辑相比，并且除了习因明者不可不知的惯例而外，还常用当时逻辑书中的惯例，以便这几个学过逻辑的青年有驾轻就熟之感，也以便说明因明和逻辑的异同。这本小书，曾在一九三0年交给一家书店印行过一次。这次三联书店建议重印，我只改正了若干错排、漏排，以及用语前后不一致或其他需要改正的地方。一切不妥当之处，还请大家指正。

1973年为《因明学》重印写的前言

学习马克思列宁主义、毛泽东思想

我们经常地学习马克思列宁主义毛泽东思想
有时也只地学习毛泽东思想
我们学习 好毛泽东思想，~~以指导来研究我们的语言问题~~
作为思想来学，也作为学术来学，为红而学，也为专学

我们研究已经出版的，也研究还未出版的，或者留与
将继出版进的，以便全面地一也只致说，比较全面地
一了解毛泽东思想。

我们学习毛泽东思想思想，以毛泽东思想来指导
我们训研究，也因为大家普遍⟨正确⟩学习毛泽东思想，
~~而~~ 要 以毛泽东思想的指导 思 而 ⟨口⟩运用语言，~~要特修~~
更深一层地了解毛泽东思想，也就特修更深
一层地了解语言现象。例如现在地在变化不定地
一个口字，有   又如计划生育

答愤备强 谷奋备强 奋答备强
等守沈，~~××××××~~ 要 ×××对任何此为时，便须用

读者的思想情况，知道他们之间的争论。

我们努力学习毛泽东思想，我们时时避免～～～～～～～～用毛泽东思想来装扮自己的思想。站标签。我们曾经互相勉励，做到不引毛主席的一句话也能体现毛主席的思想，这并不难，但我们不常～～以此自勉。

我们经常以毛泽东思想来检验我们的理论。譬如我们常～～～把时间特提出来表述，而毛主席则说时间空间是事物运动的根本形式，时间空间与事物不可分离，时间与空间也不可分离。这其间颇有出入。再验之我们运用语文的事物，～～～ 吃过饭   用过，
～～～ 走过桥   也用过，
　　　 看不过   也用过。
在我们的语文中，时间和空间的分别也并不怎么显题。时间和空间分别很显题，～～～～～～～～

者他竟无例外的~~事物~~，而且是形态上杜可批评的事实。

怎样研究文法、修辞

承蒙各位青年致力文法修辞的研究问题，承蒙主文化来参加检查指些话，足见大家甚为关心青年教育，我在这儿首先表示敬意。

我今天谈的是汉语的文法、修辞的研究问题，因为一、因为[删除]彼此共喻，[删除]附加语，二、点因为今天讲的方法，也许可以通用于其他语言，[删除]也许还以不加附加语为好，所以决定不[删除]加附加语。

[删除]我们汉语的文法、修辞的研究也有很长的历史，也都有不少的成就，修辞研究成就尤其——但在最近百年内与西方的学术接触后都有了极大的改变。那改变，按我看来，第一是组织，组织的规模的大小与组织的完密不完密。其次是组织的方法，是用什么立场、观点、方法。总之事实组织就表达。

关于我们中国研究文法、修辞的厂史我都已经多次介绍，这里不谈。现在[删除]许多[删除]与方法不同的著作都混杂摆在一起，文法有黎锦熙、吕叔湘、王力等的著作，修辞有杨树达、陈望道[删除]等著作，

[旁注：我点背使换过一点嘴，换嘴思索不出所以出胯]

[小字：六有黎锦熙、胡绍成我问和同志 六有郑权中等]

[删除]如果从现有的水平出发研究文法、修辞，首先就是一旧方法问题。讲政治暑假是有成，要讲立场、观点、方法，讲学术，点要讲立场观点、方法，所以今天特地把怎样研究文法、修辞一问题目提出来。下有普遍意义。

1. 谈研究

现在研究二字用的是很繁，我们需要加分析。可以根据成就的不同，把研究二字分用于两种：

一种是继承性的研究，
一种是创造性的研究。

科学发展过程是从不认识到认识，从不完全认识到完全认识的过程。

上述两种研究的分别就是对认识过程有没有增益的区别：凡是对认识过程无所增益的就是继承性的研究，有所增益的就是创造性的研究。

过去我们研究非常注意继承性的研究，非常注意读书，并且把有知识分子为读书人。近来我们极其重视创造，但仍注意继承。就是讲究文化革命，鼓吹知识分子改造，也仍注意到文化继承，学问继承，只要有所继承，就像接力赛跑一样，不是从别人的出发点走起，而是从别人的到达点走起，越走越远，越走水平越高。

2. 阅读地或学习怎么研究

　　甲、取代表性的著作加以系统的研究
　　　　不要怕难
　　　　不要怕多
　　　　要看出它的思想基础
　　　　　　　　思想方法
　　　　要看出它怎么概括事实　　科学研究是
　　　　　　科学的圈其改　　　　（或者提出）
　　　　　　　　　　　　　　　　发现问题／分析问题
　　　　　学习别人经验　　　　　解决问题
　　丙乙、练习运用方法 对事实
　　　　　第一、学习形式逻辑
　　　　　第二、学习辩证逻辑

　　乙、要讲立场、观点、方法
　　　　独立思考
　　　　　不是胡思乱想

貳

3. 創造性的研究 ~~成果案例的研究~~

甲 從實際出發

　　從中國的語言事實出發，修辭事實，文法事實出發
科學都從實際出發，從實際的對象中求出規律。

　　　　　　　　個別
　　古人的成說 或論斷

　　　　　人
　　外國的成說 或定義

　　也不能從散文求駢文的規律
　　　　從駢文求散文的規律

認清對象是什麼事物？
認清對象is什麼方面？
　是事物

乙、探求规律

罗列事实，不能算是科学研究

荀子（非十二子）所谓持之有故，言之成理

现在反右派所谓摆事实，讲道理

不讲理不是科学

举二例

— 为打字

— 为在字

丙. 假使您通外国文或精通外国文的怎么样

五四以来学术界有中外派古今派的对立。通外国文的很容易成为中外派。

过去所谓中外派，并非中外並列，而是以外为主，谈一问题，总是某国怎样，某国怎样，並从此引出中国应该怎样，不从中国实际出发，怎会引出中国怎样？这是违反科学应从实际出发的原则的。为何以发生这种风气，必须改变。我以为通外国的应当就应当精于外国文进行深究的研究，以辨它的客观原则，也即它的规律，而不应该拿到中国来用。用时应该及中国实际，结合中国实际，这是符合科学精神。如果还要保存所谓中外派，应该成为以中为主的新中外派。

丁. 假使长於古

过去多读过一些古书的很容易成为古今派。过去所谓古今派，也不是古今並列，而是以古为主。谈一问题，爱说古时怎样，而其所以爱说，不在了证今，恐备复古。如果不研究的是已在的现象，这也违反科学原则，不从实际出发。如果还要保留所谓古今派，应该成为以今为主的古今派。

过去的中外派常同古今派对立。为文法方面陈承泽主张独立的研究，胡适也似所谓比较之反对他的所谓独立研究。又论修辞方面黄侃等纯仿照外文讲求辞格，郑奠、吴君似反所谓"外袭"去排斥它。因为中国的古与外国的今相差很远，思想的基础点极不相同，自然难以合在一起，（研究）做为改成溥中外（研究）则以中为主，溥古今则以今为主，同从一个实际出发，那就不致不能综合在一起。但方法上（单用）的形式逻辑恐怕不够用，应当运用辩证逻辑。（效果恐怕单用）（恐怕置疑）

所以说来，怎样研究文法、修辞这个问题，应当答述：（搜集）

应当搜集文法事实，修辞事实，运用形式逻辑，运用辩证逻辑探索文法、修辞规律。搜集事实，探索规律，运用形式逻辑，运用辩证逻辑。是对汉语的文法研究修辞研究必不可少的因素。要有所创造，我以为必须都加以（四项）注意。

青年们现在可以跟着先生们学习，也做好创造性的研究的充分的准备。

以上意见不过备供参考，是否正确，还请大家讨论、批评、指正。

谈中国语言和语言学的现代化

现代工业，现代农业，现代科学文化
的社会主义强国

一切文化需要现代化
中国语言学也需要现代化（和语言）

一、学习外国

我们需要学习外国，不会有异议的，因为外国对於语言研究已经积累了很多知识，可以供我们借鉴。而我们现在学习还很不够。

（一）材料搜集未全，介绍不够。
　　许多重要著作还未全介绍进来
　　例如我们常说起索绪尔，而且议论很多，但索绪尔的著作"一般语言学教程"还没有译出。其他时常说起的也很多未介绍进来。

（二）~~对於有些理论的把握中等级的时候搞错了事实~~
~~也还值得研究~~
这对大家学习和研究都很不便。

（三）最好我们自己有专门研究外国语言的专家，现在也有，但还不够多。

我们有些朋友说，我们学习外国还很不够，我很同意他的意见。在这方面，我们还需要大大努力。我们希望贵院很大的贡献。多少才算够？绝对地够，恐怕永远不能达到，我们要努力做到相对地够。

二 另外方面

我们学于古代 也还很不够

(一) 有些材料还没有充分注意搜集编选
例如经史子集中有些关于语言的论述，还没有搜集编选

(二) 有些材料还有待于发现。
例如虚字是我们比较注意的但也搜集未全。
其他 搭跛 "语助"

(三) 如何充分利用更有待于研究。

三、学习外国、学习古代应该站在哪一边和我们的脚跟应当站在哪里？

这两个问题都有人提出来，而后一问题涉及面更广，也是更为根本的问题。它涉及到怎样研究，也涉及到如何学习和如何研究的问题，必须首先予以郑重的考虑。

我们可以作种种考虑：

站在古代？古代人是站在古代。现代人站不到古代，解放前曾有试过，所谓复古派文派者就是想站在那个时代，语文学者想还记得，大众语运动就是反击复古派文的运动。结果是没有任何结果。

站在外国？外国人是站在外国。中国人，解放前也曾有人站在外国，他们想全盘西化，说美国的月亮也比中国的大，我们也已经通过批判胡适彻底地批判过，恐怕也不会再有人那样想了。

反复考虑过来，大概都会同意着一点，应说的：

屁股坐在中国的现代
　　一隻手向外国要东西，一隻手向古代要东西。

是不是应当如此，大家很可以讨论一下。
我以为讨论倒是在哪一边之前，最好先讨论
一下这个问题。

四 解决坐位问题为好要以及为什么有人把它叫做"中国化"？

1. 好地解决了坐位问题，就使能确实地从实际出发，紧密联系实际，认真学习外国学术知识，建立以马克思列宁主义、毛泽东思想为指导的中国语言。这是一个问题的三个方面，不是三个方向。各个方面要很好合作，不要背道而驰。

2. 好地解决了坐位问题，就能够切感到学习和研究的联系和区别，使能进行恰当地取舍，避免生搬和硬套。

例如 了解着

把时间挤出来

五 为什麼有人把它叫做"中国化"?

选集三卷

1. 它就是毛泽东整顿学风党风文风的三篇文章：

　1. "改造我们的学习"（1941年5月）

　2. "整顿党的作风"（1942年2月1日）
　　原题：整顿学风党风文风

　3. "反对党八股"（1942年2月8日）

的简化

2. 它就是"中国化"的"现代化"的简称说法的简化？

3. 它也针对我们现在容易犯的缺点而讲。

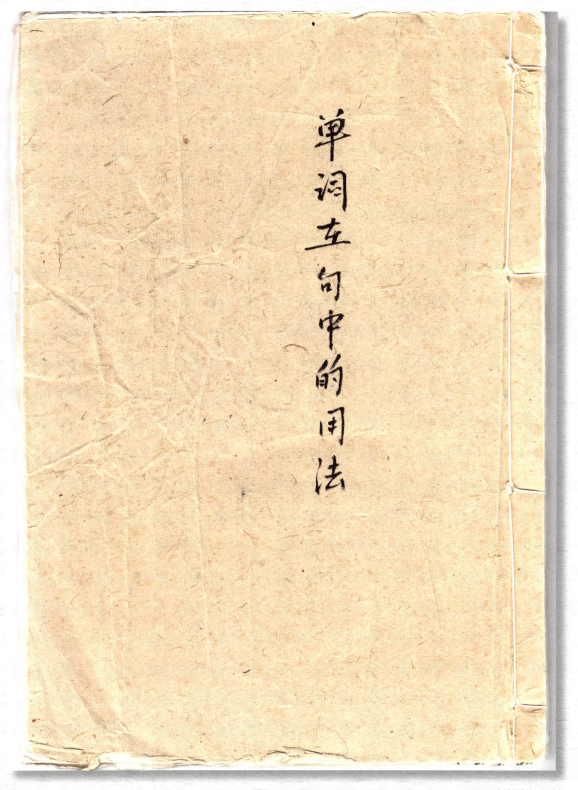

单词在句中的用法

譯語

玄混之語，意義很浮泛，很難捉摸，用得很空洞，难以把握。故文法家或以"形式"稱之，"記號"稱之，而未能窮其變化。余擬对之畧加注意，特立一名曰玄混。

玄混之性，國語文法似已注意及之。107页对所謂量詞曾有"通脫而廣泛"之說。

"言混或不以'冒罩'"辞海子358："猶言籠佃。朱子全書論語："才說东道，只是冒冒說，不曾說的親切。

"玄混或不以'圓活'"活見水滸

来

来是一个冒罩辞，有进行你的意。注意：进
行的似乎你的另解者，六有进行意。

1、不管来踎及来不及我做就是了。"此来"似"冒做"。
2、来一碗茶（拿一碗茶来）。"此来"似"冒拿"之来擢来。
3、不要乱来 搭一拳戮来。"此来"所"有你"的意。
4、你又来了 （此为搭你）"此来"所"有你方"的意。
5、吃不来做不来。"此来"有进行意。
6、来了个空兜。"此来"有出此意。

越来越穷 这个不及那个来得漂亮

参看支
那语辞
典805页

行曰似乎你的另
来武曾及
你的意究
了有及进
但未及进
行动

「释来ㄜ」：「㑋不㑋」，「做不及也」，「㑋不及」，「趕不及也」，「不及做也」。

「日本小兔喜了零？」「同他㑋一下子」，「斡一下子也」，「質言之，即时一下子也」，「他不防我有这一㑋」，「我这一㑋，他便吃不消」，这一㑋也，这樣一做也。（兔了不起）

来 作助辞有种：用於

一、回顾挚
1. 饥唤吃饭偻来眠　释来も
2. 你一言偻我一语　　　　松来

二、承束
1. 他说什么，所由何来　　释来も
2. 盡归采釆　全上

三、提引

個

提指示性目標 國语文法153辑頁冠詞。

(一) 洋爷邮推歌或演進所结果提示對象或歸着结果

(二)動作的範圍或作用的程度

1. 過個三兩天就回來。
花個十萬八千也不心疼。

2. 淋了個稀濕
把他罵了個啞口無言。

語法要点 90

1項要点作坩在有不定数（限於在後邊的動詞）

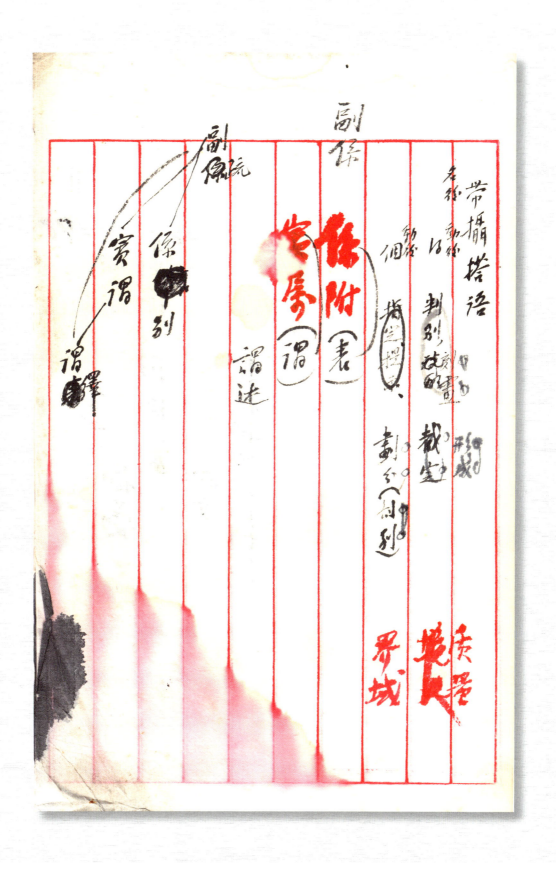

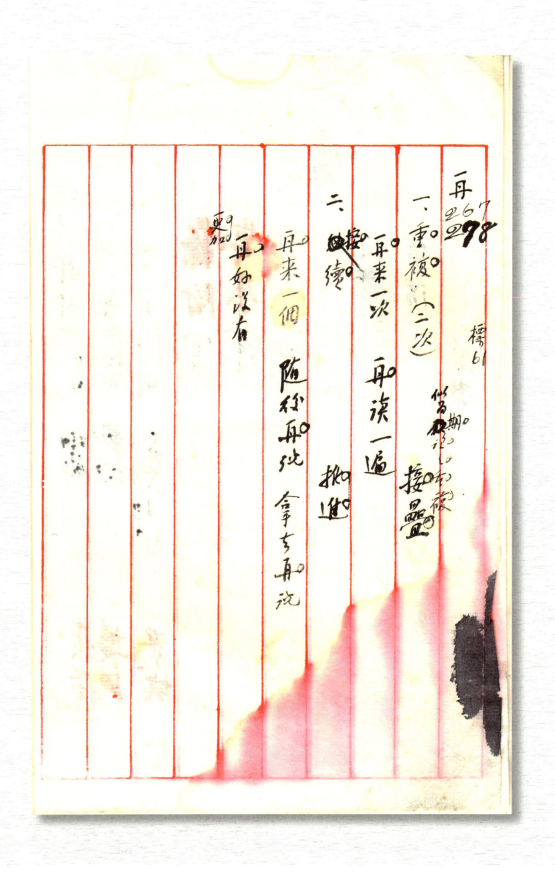

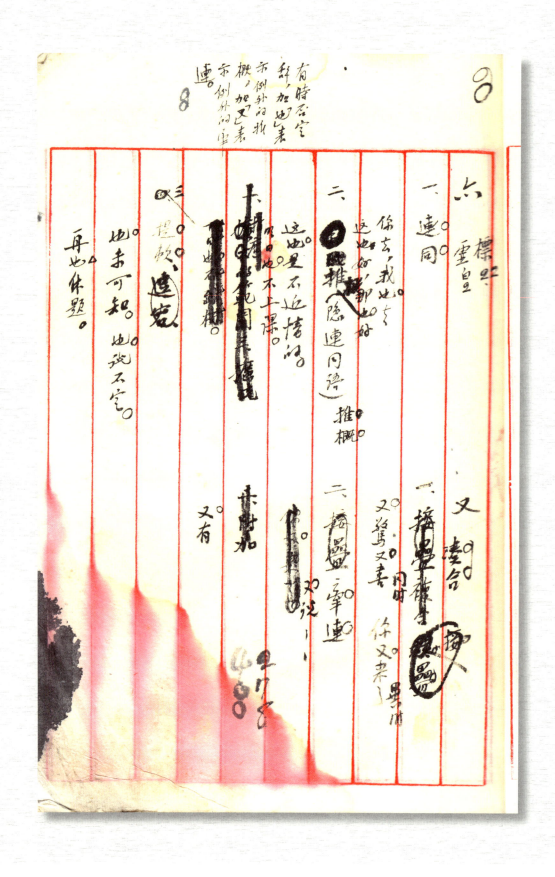

(一)死亡事各項 王稼平竹401

我也不等鉛舞子使、也不做这樣的事（红15）

王401

(二)捏章一項

鄉間人見畫乃好，她有等錢来買的。（儒1）

(三)與南別

華引

(四)※用別

華此完了管此完了

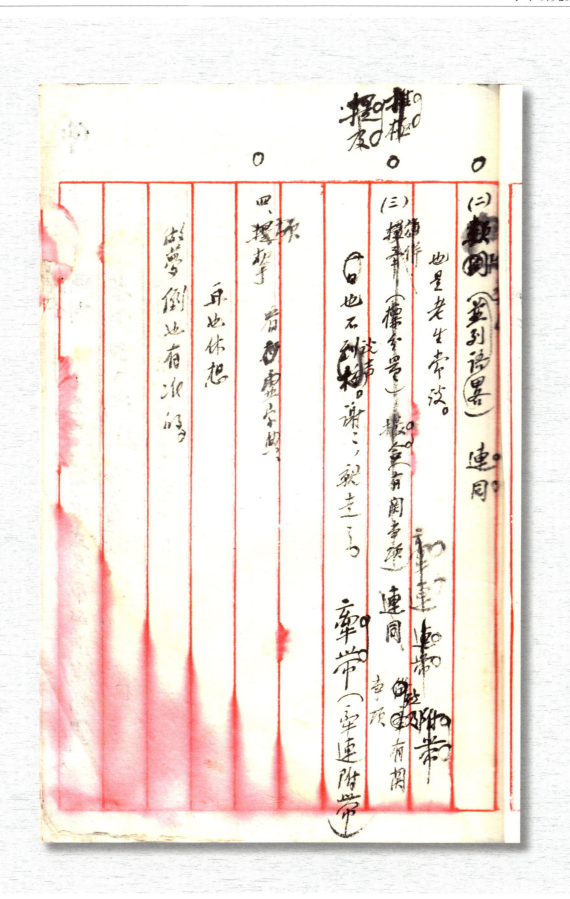

絕

凡是量的增進或是市的漸進剛跨入苦的卻不始終。不始終是個分界辭。從別方地絕七歲，他哥的絕是十四歲了。

又用否定辞前，表示原甘当笔定缺之原由。（原甘缺之的不否定）

六 用在否定辞前，不能违反惯例。（惯例违反的否定）
他不道謝關照一声，就如筆去了。

董 用在否定辞前，標示著实。（鄭在著实的否定）
我並不贊成他去。

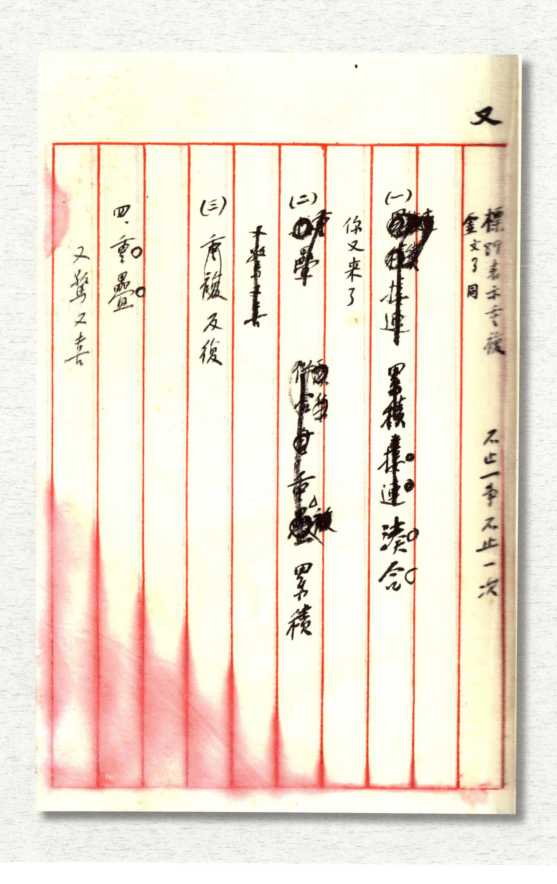

連

添加

連old服也不見了。

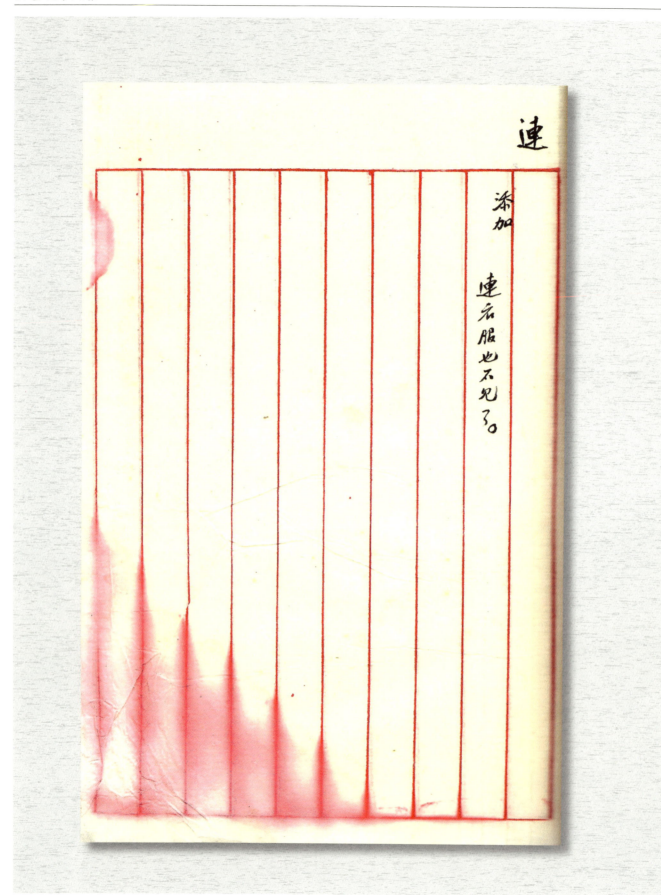

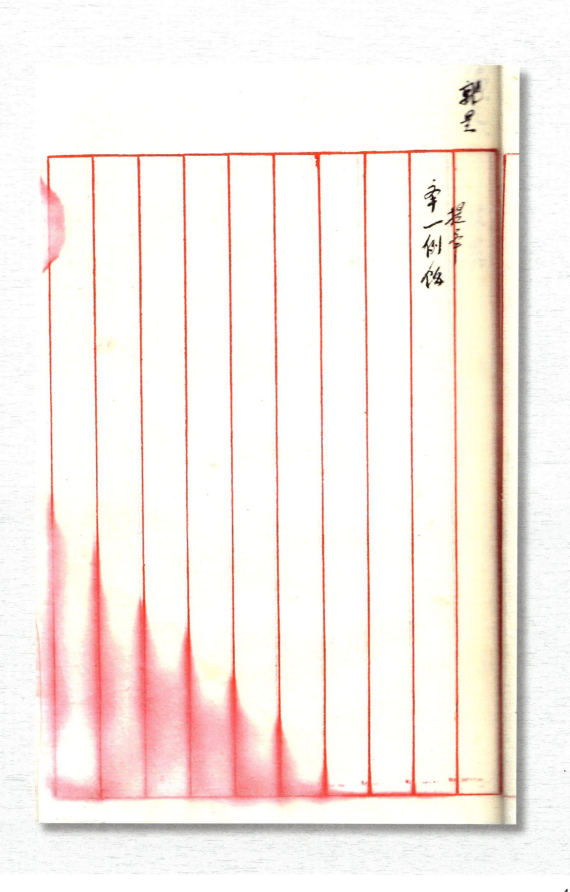

偏、反、

歧異

偏 標46(2)表示相反的語詞。(例)我叫他去,他偏不去。

反 標無解

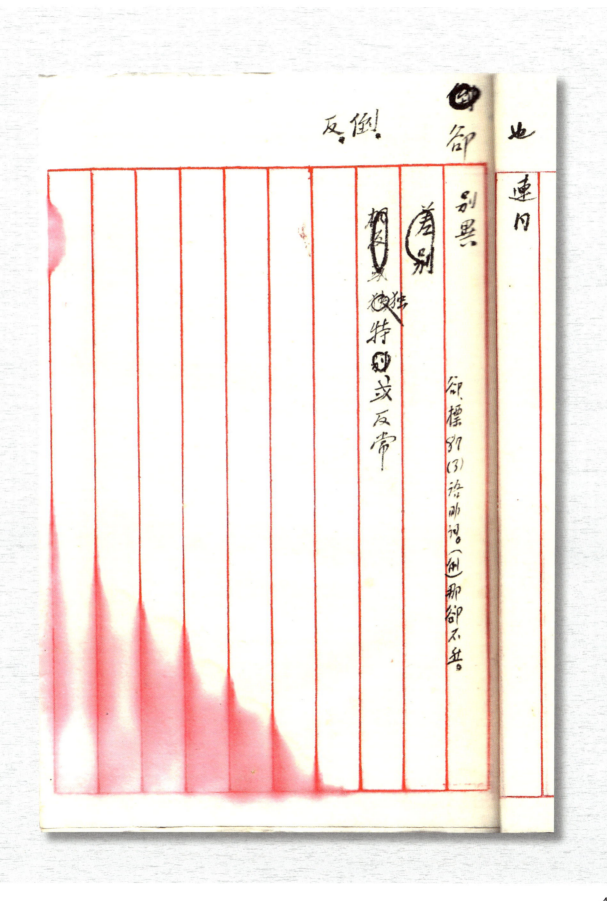

王恩洋新理學評論六、論道及太道，以為兩空有二義，

一為兩性之相連，二為先後之相關。其言曰：

凡言甲而乙者，此甲乙若非一事之兩性，以兩空聯繫之，必云

其特勇而智，或云地球圓而略扁，則另一事之因果，以兩

空者示其相關。例老子之無名而無不名，及周子之無極

而太极是也。

會

一、表示有戒的訓練。標點676由學習方案的一概念當
他會游水 上
二、表示有機會，有而沒 今上(?)有發生的解了不會發生
他會來的。

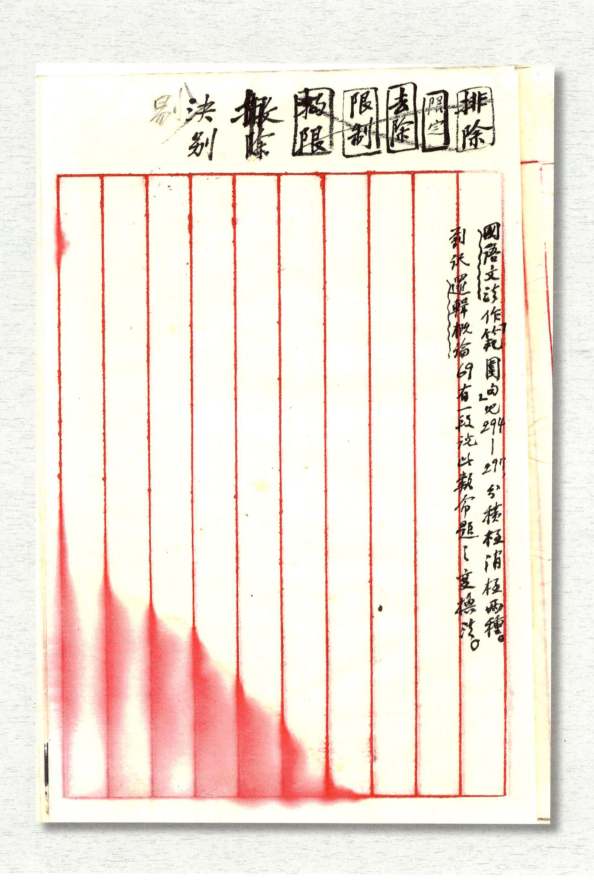

國語文法作範圍由地294—297，分積極消極兩種。
到訳理輯概論69有一段述此類命題之變换法。

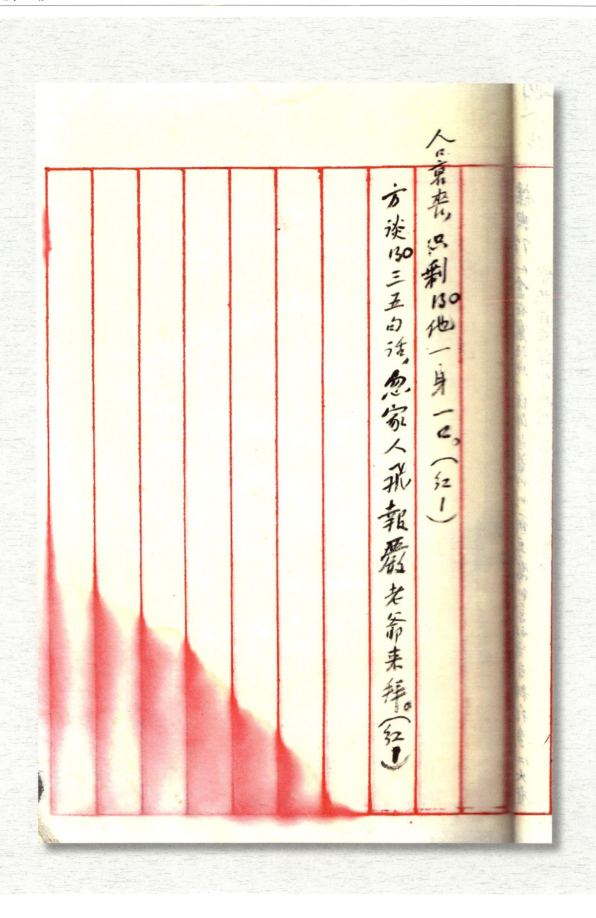

人只豪华，只剥130他一身也。（红一）

方谈130三五句话，忽家人飞报严老爷来拜。（红一）

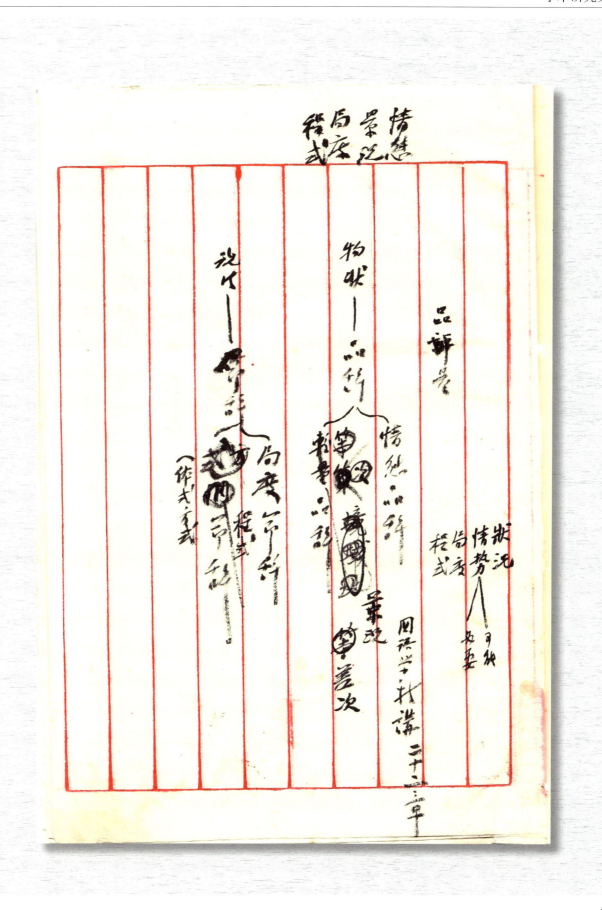

1. 範圍或境地
2. 場地方面或階段
3. 次序或層次
4. 過程或經歷

局面
1. 同異 都长倒偏反
2. 分合 相各
3. 草稿 一再三還
4. 先後 粗细早晚

簡別

簡別辭多用於切來道象辭，但有時也用以切
來稱物辭，如云：

浩然之气。

又品鑑次品辭，固多用以切來靜辭，但似乎用以切
來其他道象辭，如太操心，最之傷心等。更の直接
加於方位面命位等名辭上。如
梓栗
極東最前、最後、

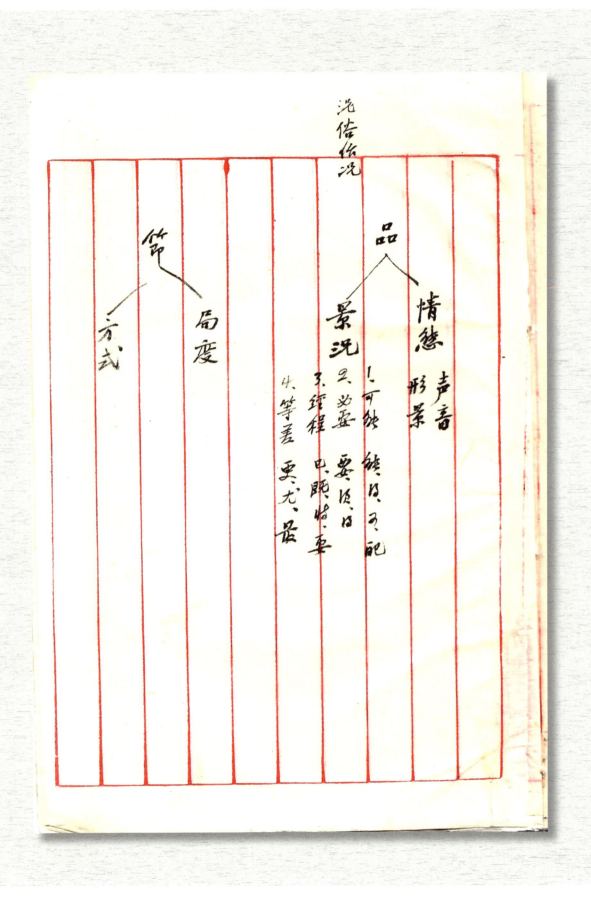

有和是

"有和是"是两个相当常用然又相当特别的动语。过去曾有相当细的描写。我找试作简括的说明：

有是提挈内容的动语，随后的是所提挈的内容。

是是指空内容的动语，随后的是所空的内容。（指明）

这两字各有特定的否定语：

有的是没。

是的是不。

拟语

(1) (2)

凝 形成

按照标点改作题头８ 题目

入论述

主辞和对辞的省略和明标

主辞和对辞都有省略和明标两式。主辞省略的，就以主辞省略在宾辞当中，不再以标主辞。此文中所谓记变之辞，照例用这式。如春秋隐九：" 三月，大雨雪"。主辞"天"就省略在"谓辞"两"当中，例不明标。（文通四曾尝试解说，动字所以纪行，行为主辞自。所自者起词也。苟有见其行而莫识其所自者，则谓之无属动字，言其动无自发也"。未免太涉形式的嫌疑。比较文论一、二章说："此数文必动词"两"必用如动，而主为无宾。故纪变之句，其宾语只是逻辑上之主语，不妨一一以倒置句解也"（页8）。则所谓逻辑更不知是什么逻辑，而所谓主宾也实有歧义）。标在语文上采用主辞省略的方式由於主辞不必提，也就是省也是天，如对话当也是你，或由於主辞不宜提，也

或者由於主辞不纯提。此主辞並没有明白地起出来，主辞与宾辞在意识上还没有分化的时候。

宾辞也同样有省略和明标两式。宾辞省略的，

专围为金库，研究卽其箧。　　（斯宾塞）

也將对辞涵盖在谓辞当中。如所谓，夫耕妇织，耕是耕田，织是织布，田和布这两个对辞就含在耕、织当中，不再见标。

標準文作，对扎这些要有叙述，它分为诸如
1. 主辞见标 —— 介宾性动词(163) 动词下主然(5
2. 主辞涵盖 —— 含宾性动词(164) 动词含主然(5
3. 对辞见标 —— 归著性动词(165) ... 归著想(5
4. 对辞涵盖 —— 非 ～～～(166) ～～～(5
甚怎甚是，甚改作例太拙劣，只应用两个词就
说明者，竟用了四个词，还把主辞对辞相关作
的现象搞成者不出相似来。

意义与意指

意义与意指

意义是记号所关联的思惟内容。其内容亚里斯多德学家分为二种：

1. 意味(日), meaning(英), Sinn(德), sens(法)
2. 意义(日), signification(英法), bedeutung(德)

前者可译意义或意谓, 或义趣; 含义;
后者可译 意指。

举例如下: 意义上有社会所公有的客观的与个人的要素。这客观超个人的意义就是所谓意义, 或意谓。如方帽子"意谓方的帽子, 这是意义的客观部分。日本所谓"意味"就是指这方面, 这种意义是社会所习用的, 是语所固有的, 亦可称为习惯意义, 固有意义。另外一种则因关联而生, 因时因情境而生。如方帽子"意指大学生。这就是因关联而生的意义。可以称为关系意义。日本称为意义。故日本所谓意义恰与中国习大要意注意。

$$意义\begin{cases} 意谓 (日: 意味) 义趣 \\ 意指 (日: 意义) 意指 \end{cases}$$

68

"的"字的用法约有以下 种：
1. 用在实词后： 的 附加成分
   胡适的著作
   他的著作   这些就是所谓领格
2. 用在形容词后：用   附加语尾
   好的著作
   话的说出   本原语
3. 将以上诸例中的被形容词移到前或
   署：
   这部著作是胡适的。
   这部著作是他的。
   这部著作是好的。
   这个说出是话的。
   胡适的是一部好著作
   他的是一部好著作
   好的是这部著作
   话的是这种说出   本原语
   这时"的"字含有兼摄被形容辞作用。
   如不要它兼摄，可将被形容辞补出。

"的"字的用法

4. 放在句末，表示论断语气。

是的，不能教他作什么就算完事的。(高声片课本。)

这种用法有几个特点：一，接在疑问词后（动静不论）；二，原来是由指称词构成的叙述句或说明句，故都可以省去"的"字还原句。如

先生最喜欢我的。

可以还成原句

先生最喜欢我。

但也有经换位而成的，如

十五块钱丢是有的 错！您花掉

还成原句，必须仍将复位：

要有十五块钱。

这类句子的形成，大抵由说话者要在一个叙述句或说明句中取出所述事或所说的一部分来特加以论断。如

不免吃苦

要将"不免"特加以指出或论断就可说

吃苦是不免的。

蕴屋者，资本也。　　　　　　　（英谚）

其前往々有断词或称叹词,"是"和的"字相呼应。"是"字用亚委常,但凡经过移位构成的好像总是有"是"字的。关于这一点还待考查。

有时单有性状词要加论断也可用此式,如

　　走是走的。
　　白是白的。　　或 ~~XXXX~~ 画分

总之这种的"是"是特别指出某种情状的XX助词, 说是指出语气的助词或者比论论断语气的助词还要确切吧。这恰是事物的性质"(见習声片课本),也很近是所

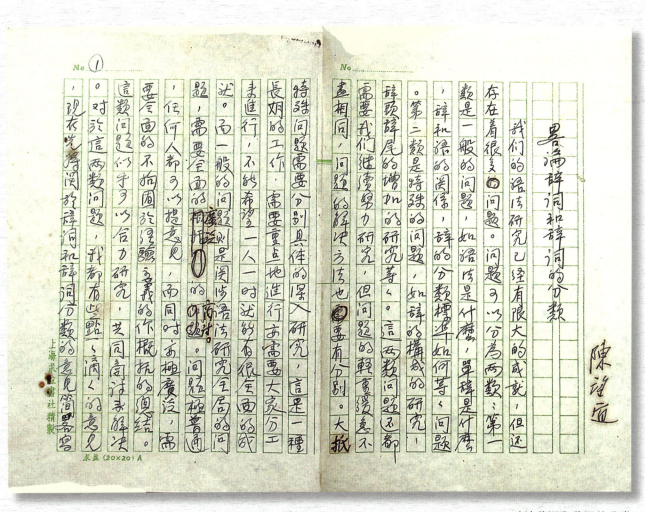

略论辞词和辞词的分类

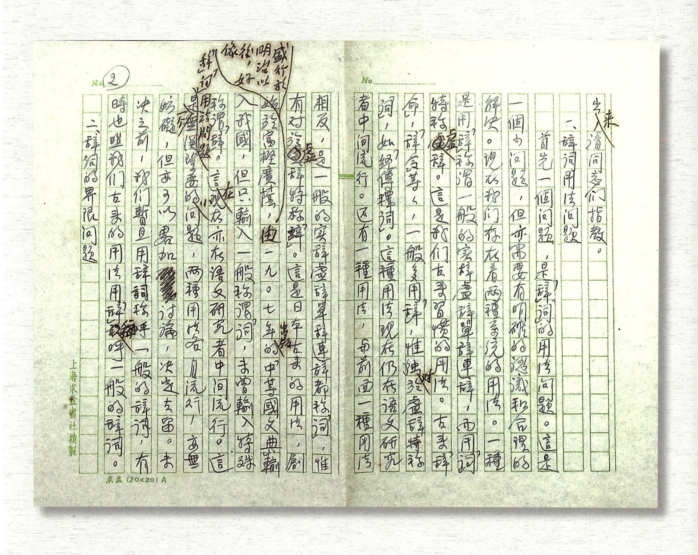

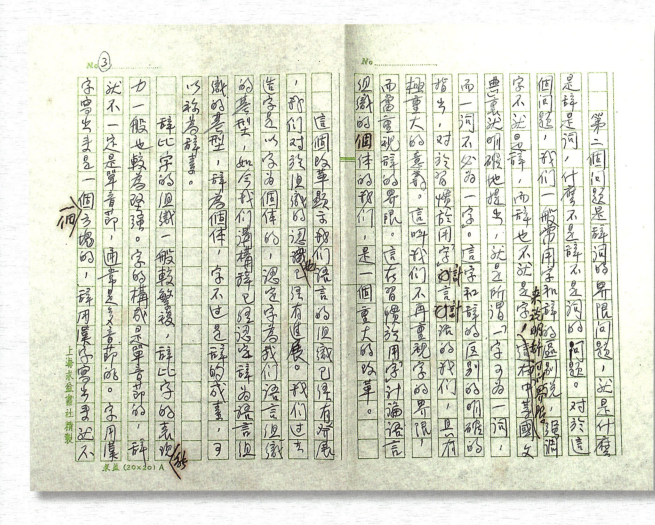

第二個問題這是辭詞的界限問題，就是什麼是辭是詞，什麼不是辭不是詞的問題。對於這個問題，我們一般常用字和辭個問題，我們一般常用字和辭字不說是辭，而辭也不說是字，豈不就明明地提出了一字不必為一詞。這可我們不能再重視字的界限，指出，對於習慣於用字計論語言而重視辭的我們，是一個重大的改革。

這個改革顯示我們語言的組織已經有發展，我們過去的組織也是有進展。我們是以字為個體的，如今我們過構辭已經退定字為辭的成素，可以稱為辭素。

辭比字的組織一般較為繁複，辭比字的表現力一般也較為堅強。字的構成多是單音節的，辭用漢字寫出來不一定是單音節，通常是多文音節的。字寧出來是一個方塊的，辭用漢字寫出來

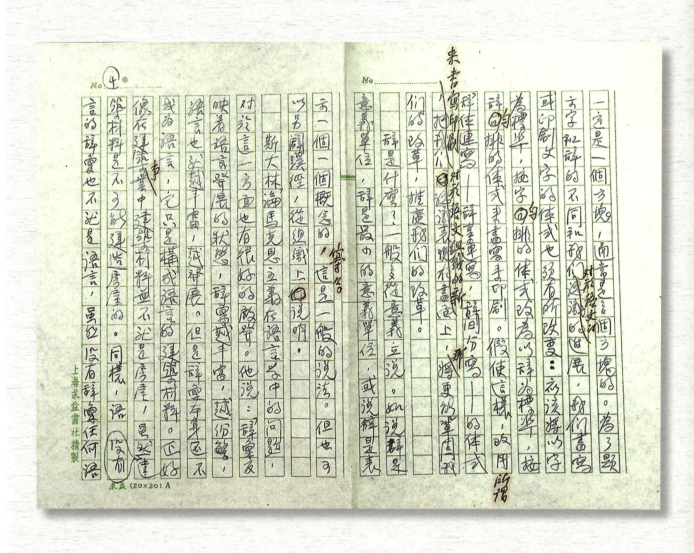

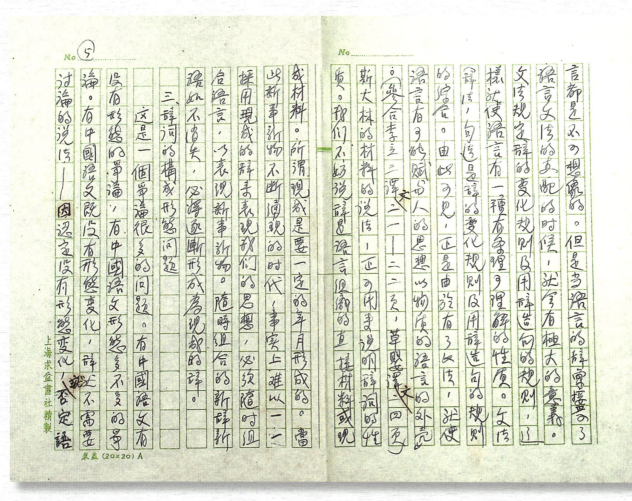

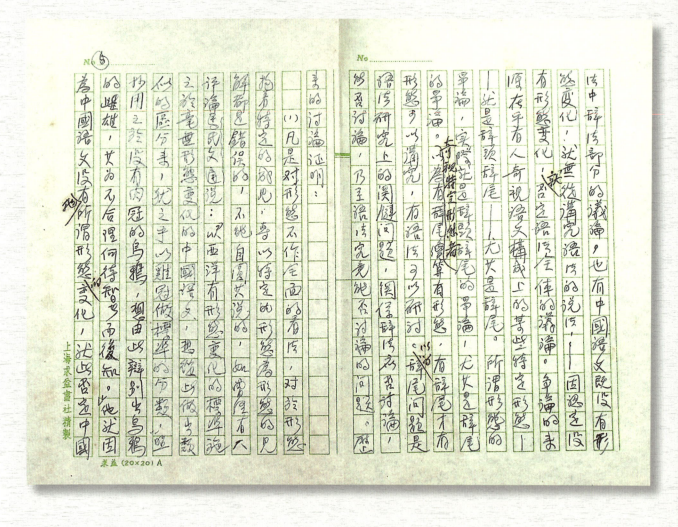

语中辞语部分的议论，也有中国语文既没有形态变化，既无辞语变化的说法，因过去没有形态变化，育定语法主体的议论，争论的来源存乎有人奇视灯文构成上的某些特定形态——就是辞头辞尾——尤其是辞尾，所谓形态的的单语，实际就是辞定的联想者，有辞尾问题，语法研究上的关键问题，关係辞语后者对论形态的单语，有语法了以所讨论的问题。的学习讨论，乃至语法讨究能否有讨论的历。

（1）凡是对形态不作全面的看法，对於形态的讨论证明：

抱着这错误的那儿，专以特定的形态肩有人辞都是错误的，不纯自圆其说的，如硬要有人讨论是民义通说：况西洋有形态变化的标准之於毫无形态变化的中国语文，想由此做出似的属分来，就之乎以难得做标准似的用之於没有问题的乌鸦，想由此辨别出乌鸦的雌雄，其为不合理何得智多而后知。此他说中国为中国语文没有所谓形态变化，就此哲至中国

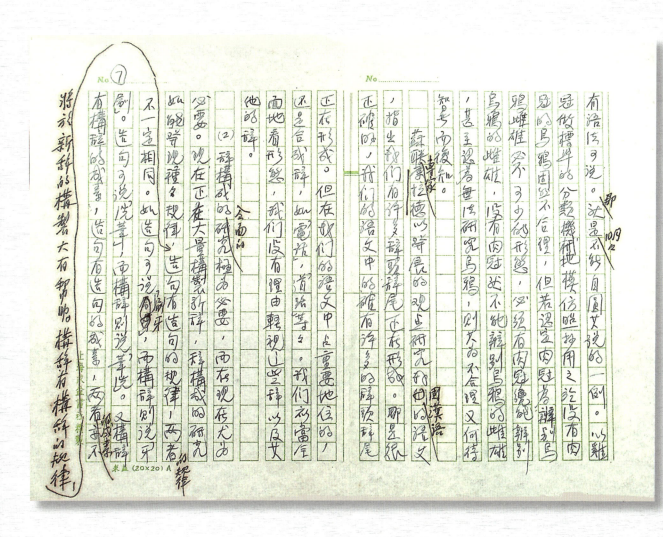

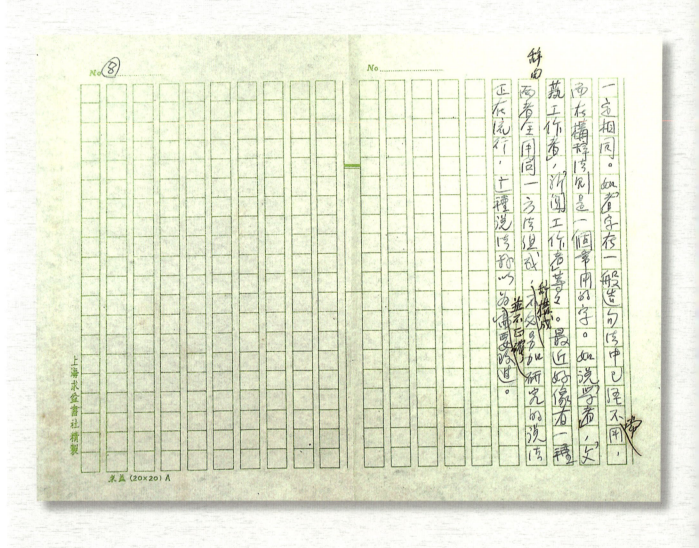

辞甸

一定相同。如者字在一般造句法中已经不用，
而在構释時，別是一個常用的字。如說学者，父
兼工作者，新聞工作者等文
而希全用同一方法组成，新構成的文字加以研究的說法
正在流行，这種說法却以為很要緊的道。

讲话手稿

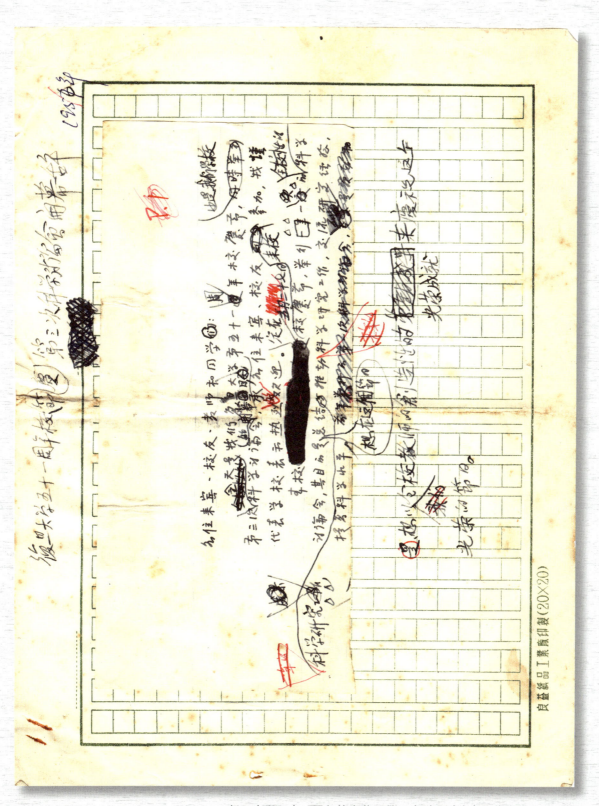

复旦大学五十一周年校庆节暨第三次科学讨论会开幕辞（1956年）

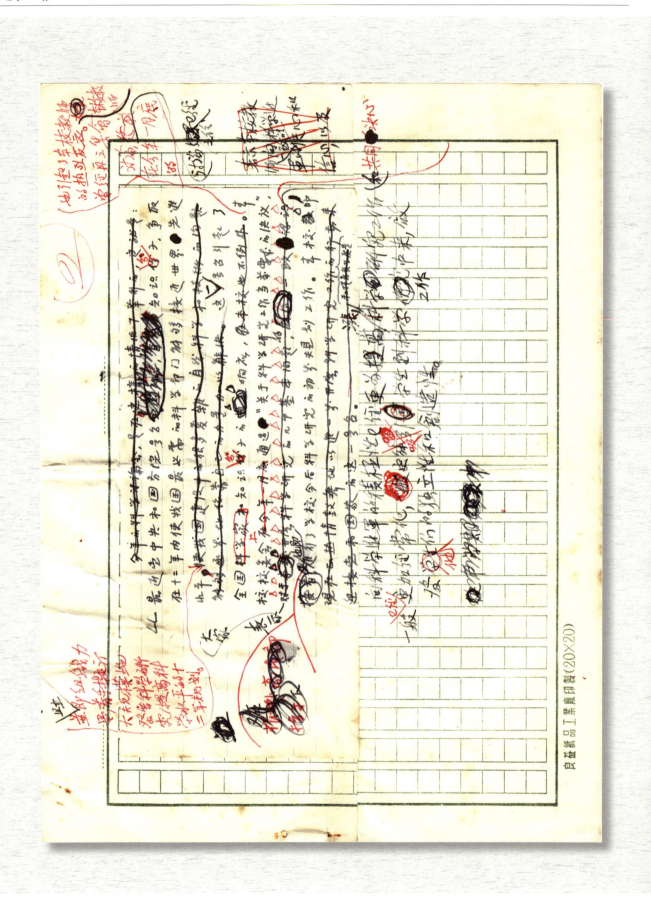

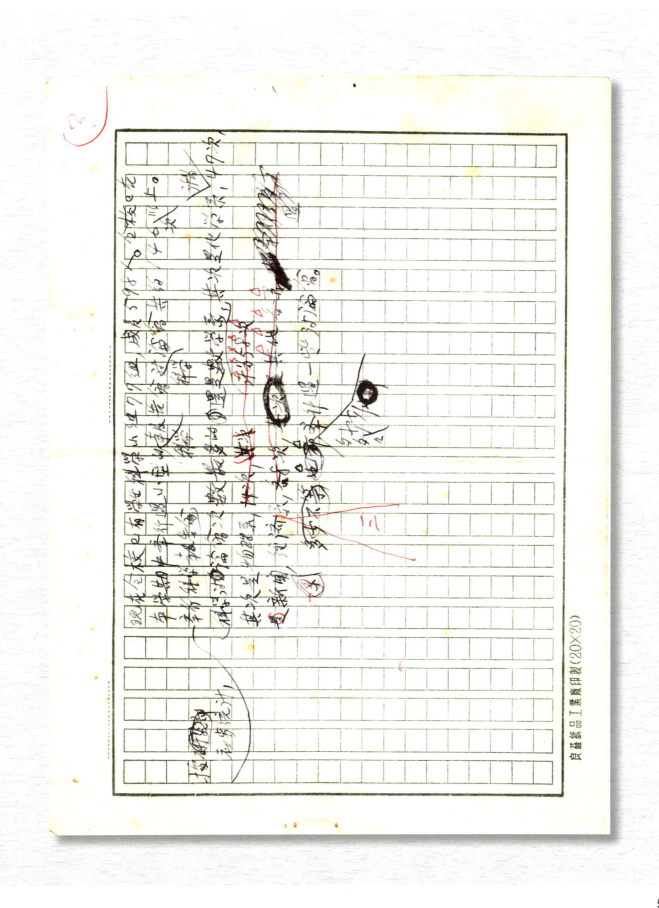

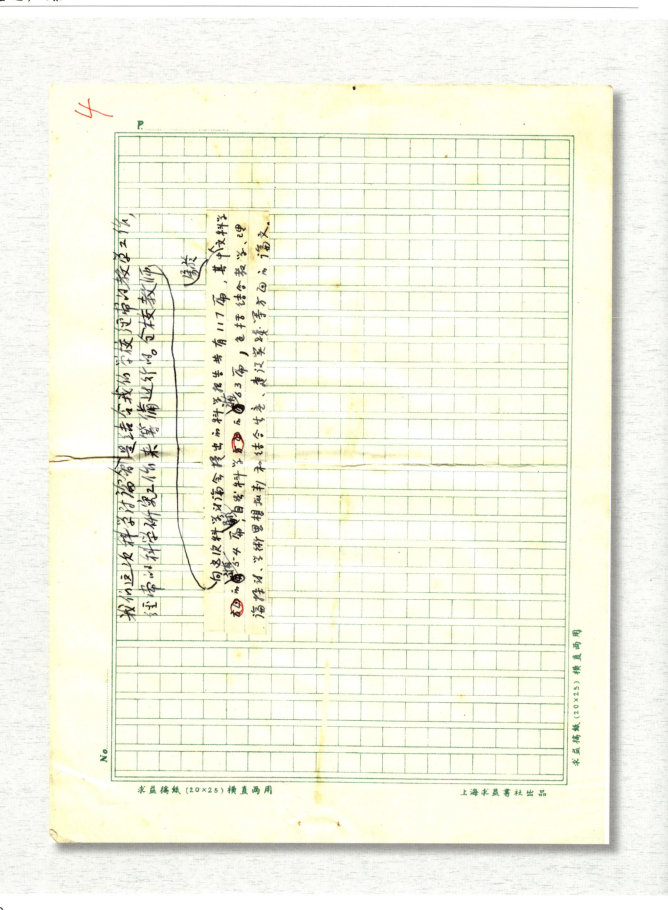

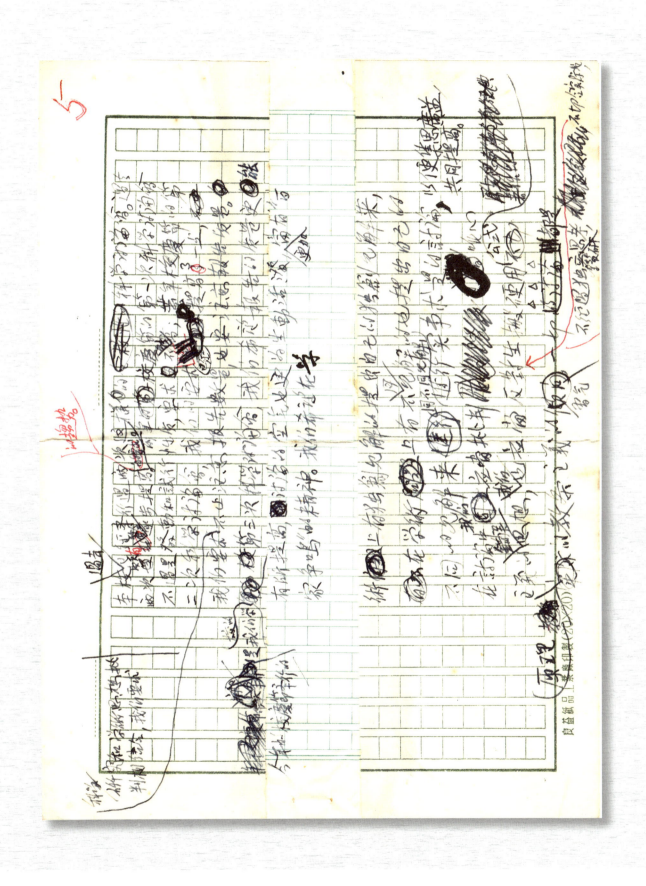

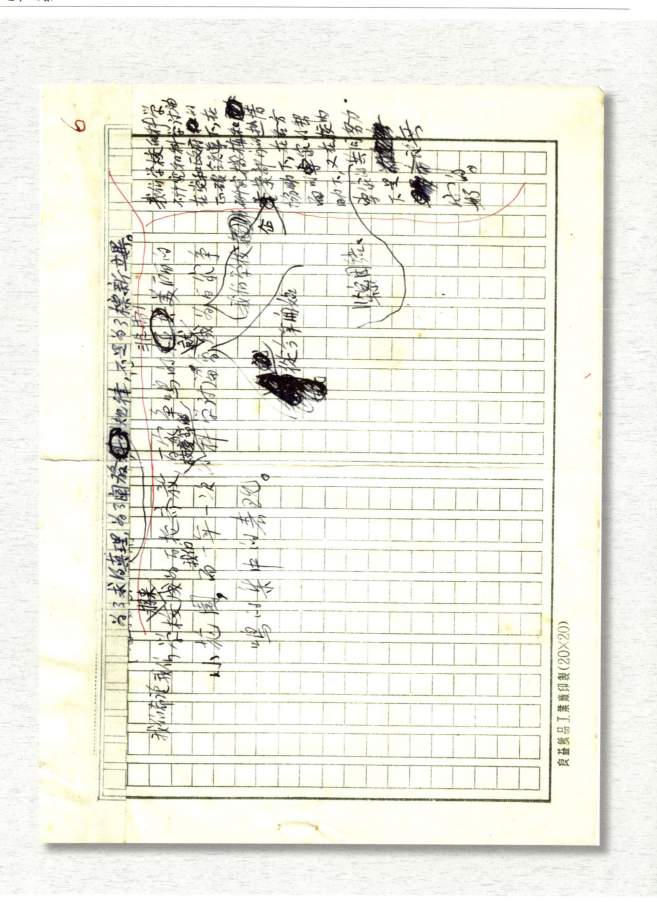

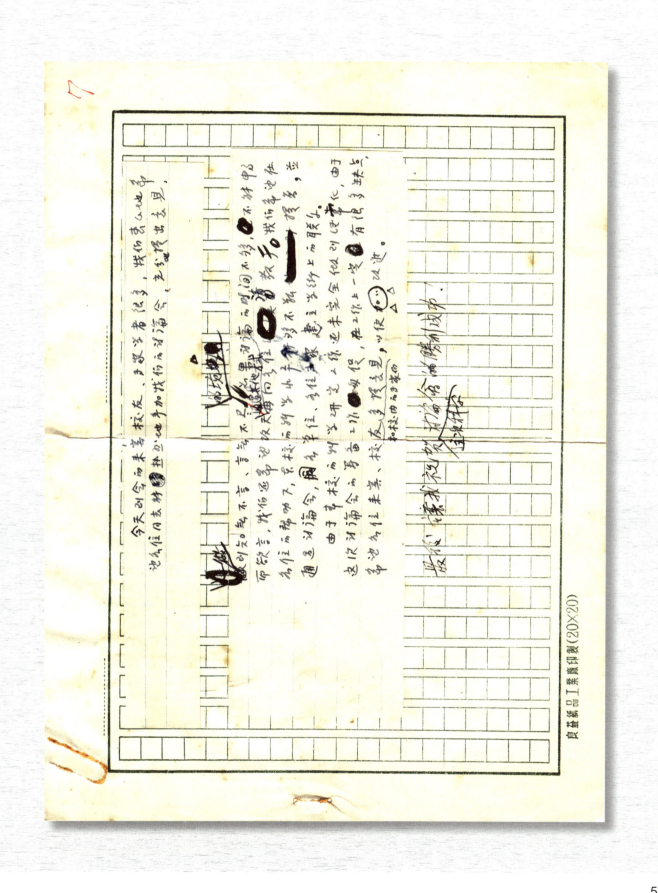

关于改进学校工作的几点建议（初稿）

1957.4.26.

一、行政工作

1. 建议高教部颁布章程，扩大校务委员会和系务委员会的职权，使原来的咨询性机构改变为权力机构。目前，关于学校重大措施，应经校委会、系委会充分讨论，作出决定。

2. 学校除对全校每学年的主要工作的基本精神和有关全校性的措施，作统一计划与规定外，其它工作事项，由系、教研组自行决定。

3. 教师学衔的评定，由教研组、系提出意见，经校学衔评审委员会评审后，报请审批，讲师由校长批准，副教授、教授经校委会通过，报高教部批准。各系助教的选拔，由系征求有关教师意见，按照国家分配名额在毕业生中选拔，报校长批准。

4. 学校年度预算，根据部定定额和指标，结合学校情况进行编制，经校委会讨论决定。预算中的教学设备费（包括200元以上的教学设备费）、科学研究费、教学实验实习费、生产实习费和划给各系使用的一般设备费，由各系之委会确定分配原则，系主任掌握使用，学校有关部门负责监督。

5. 建立各级领导人员定时接见群众的制度，对群众所提出的问题，须责成有关部门及时处理。

二. 教学工作

1. 扩大各系执行专业教学计划的灵活性，除基础课和专业课开设的变动须报请高教部批准外，其他变动，均由系委会讨论决定。

2. 教学大纲规定各课的基本内容、进度和作业。基础课和专业课的教学大纲，经教研组会议审查通过后执行。专门化课程和选修课的教学大纲，由主讲教师负责，不必经教研组审查通过。

3. 各课教学方式，主讲教师有权灵活运用。

各课检查学生学习成绩的方法（考试或考查，口试或笔试）由教师根据课程性质和其他条件提出意见，系委会决定。由其它系教师开设的课程，两系之间不能取得一致意见时，报校长决定。

4. 教研组的设置，由系委员会决定，报学校备案。教研组主任由组内讲师以上教师无记名投票选举，系委会通过后产生，报学校备案。

5. 系在开学前，给予各教研组教学任务通知书（包括讲课，指导论文，实习等）。教师的具体教学任务，由教研组确定。

6. 大学生的升级、留级、休学、复学、退学、转学等事项，由系主任决定。

7. 研究生的录取和学习计划由指导教师决定。研究生的留级，指导教师提出意见，系主任决定；研究生的淘汰，由指导教师提出意见，系委会决定；研究生的毕业由校组织论文答辩委员会（或考试委员会）决定。

8. 学生（包括研究生）的开除、留校察看的处分与撤销及勒令退学，由系主任提出意见，校长决定。对学生的其他奖惩，由系主任决定，报学校备案。

三、科学研究工作

1. 今后教研组科学研究的方向、计划，由教研组根据国家需要、教师专长与本组条件，经教研组会议讨论通过，即可决定。科学研究的财务计划，须经系批准。

2. 本年起，学校确定系的科学研究经费数字，系委会在学校划分配数字确定分配原则，由系主任掌握使用。

3. 教研组可分配本组助教、教学辅助员（实验员、技术员、资料员、助理员等）担任教授、副教授的科学研究助手。

4. 系可直接和科学研究机关、兄弟学校、企业部门订立科学研究合作合同，报学校备案。

四、学生政治思想工作

1. 系可定期提出本系学生政治思想工作的计划或意见，教师对学校政治思想教育的要求和做法，可向学校行政和党委提出建议。

2. 教师可根据学生思想情况，主动向学生作有关政治思想教育的报告，或邀集学生座谈。

3. 系主任可邀约本系政治课的教师汇报情况或研究教学中的问题。

4.系委会或系主任可建议本系学生召开学生代表会议,讨论本系学生工作中的有关问,代表会议可邀请教师列席。

5.对学校布置的政治学习,各系可按本系情况组织辅导工作。

(共22条)

1962年9月3日在迎新大会上的讲话

各位新同学：

今天是我们全校的迎新大会。我代表复旦大学向你们全体新同学表示热烈的欢迎。

现在，我想利用这个机会，向大家介绍一下我们学校的历史、概况和现况，并且提出对大家个人的希望。

我们复旦大学是一所新型的社会主义的综合性大学。综合大学同工业大学、农业大学等专科大学不同，它是负责培养哲学、社会科学和自然科学的基础科学方面从事科学研究工作、教学工作与有关实际工作的各种专门人才的。我们学校的毕业生就是以传授、研究和发展基础科学来为社会主义建设服务的。

这你们在报名投考时想必已经知道了。

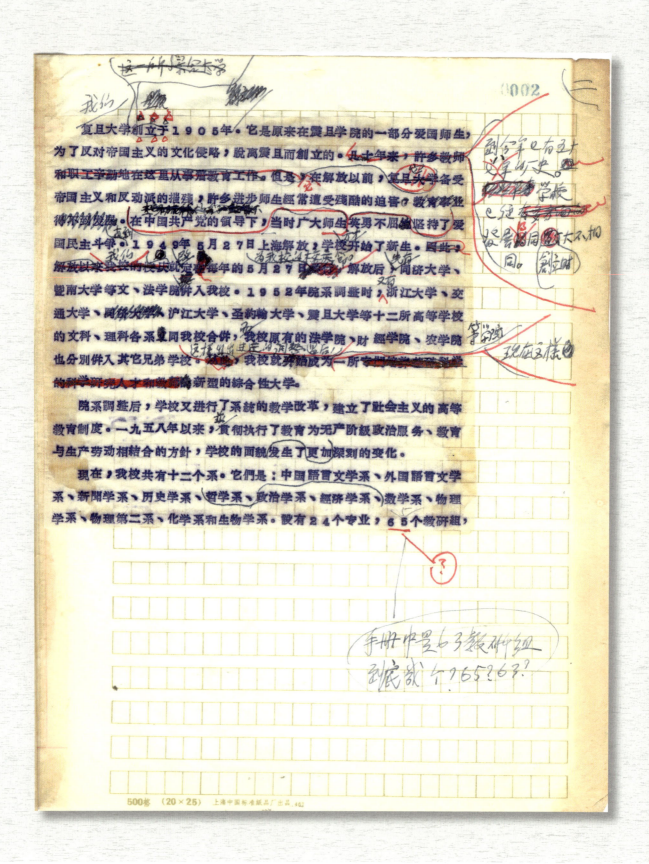

复旦大学创立于1905年。它是原来在震旦学院的一部分爱国师生，为了反对帝国主义的文化侵略，脱离震旦而创立的。五十年来，许多教师和职工勤劳地在这里从事着教育工作。但是，在解放以前，复旦大学备受帝国主义和反动派的摧残，许多进步师生经常遭受残酷的迫害，教育事业得不到发展。在中国共产党的领导下，当时广大师生英勇不屈地坚持了爱国民主斗争。1949年5月27日上海解放，学校开始了新生。因此，解放以来我校师生决定每年的5月27日为校庆日。解放后，同济大学、暨南大学等文、法学院併入我校。1952年院系調整时，浙江大学、交通大学、同济大学、沪江大学、圣约翰大学、震旦大学等十二所高等学校的文科、理科各系都同我校合併，我校原有的法学院、财经学院、农学院也分别併入其它兄弟学校。这样，我校就发展成为一所专门培养科学研究和高等学校师资的新型的綜合性大学。

院系調整后，学校又进行了系統的教学改革，建立了社会主义的高等教育制度。一九五八年以来，貫彻执行了教育为无产阶級政治服务、教育与生产劳动相結合的方针，学校的面貌发生了更加深刻的变化。

現在，我校共有十二个系。它們是：中国語言文学系、外国語言文学系、新聞学系、历史学系、哲学系、政治学系、經济学系、数学系、物理学系、物理第二系、化学系和生物学系。設有24个专业，65个教研組，

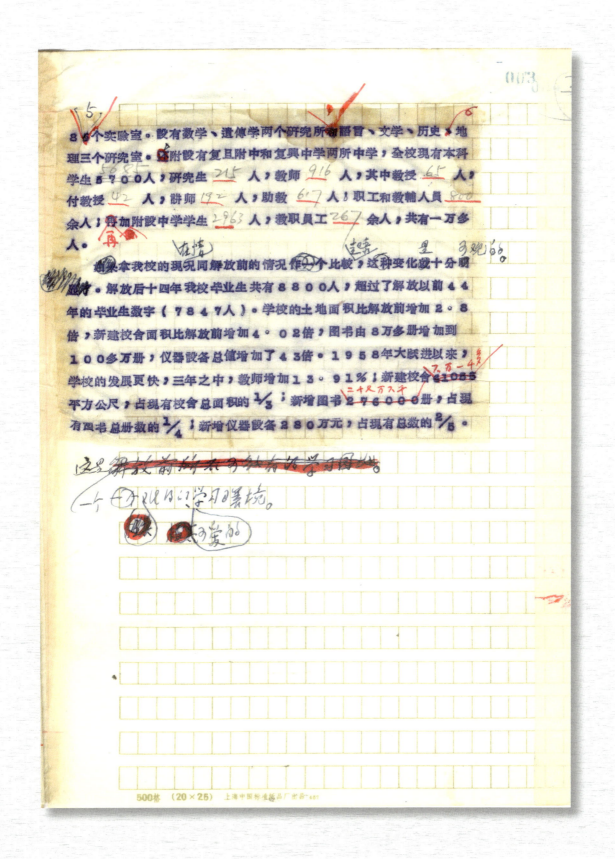

85个实验室。设有数学、遗传学两个研究所和语言、文学、历史、地理三个研究室。附设有复旦附中和复兴中学两所中学,全校现有本科学生5700人,研究生215人,教师916人,其中教授65人,付教授42人,讲师192人,助教617人,职工和教辅人员800余人。再加附设中学学生2963人,教职员工267余人,共有一万多人。

拿我校的现况同解放前的情况作个比较,这种变化就十分明显。解放后十四年我校毕业生共有8800人,超过了解放以前44年的毕业生数字(7847人)。学校的土地面积比解放前增加2。8倍,新建校舍面积比解放前增加4。02倍,图书由8万多册增加到100多万册,仪器设备总值增加了43倍。1958年大跃进以来,学校的发展更快,三年之中,教师增加13。91%;新建校舍61085平方公尺,占现有校舍总面积的1/3;新增图书276000册,占现有图书总册数的1/4;新增仪器设备280万元,占现有总数的2/5。

这是解放前根本不可能有的学习条件。

一个十分优越的学习环境。

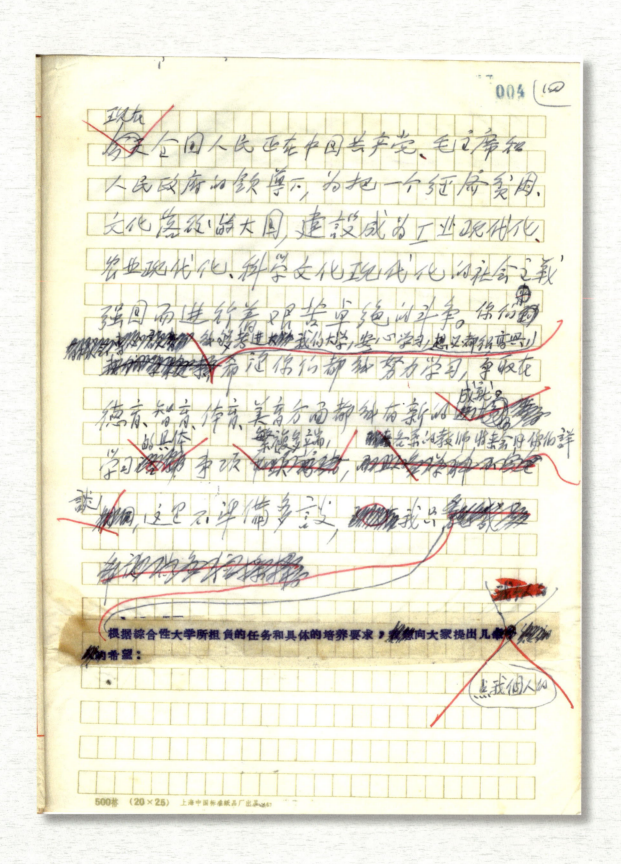

1. 坚持又红又专的方向

又红又专是青年的努力方向。红，首先是指政治立场，红的初步要求是拥护党的领导，拥护社会主义，愿意为社会主义服务。专，是指专门知识技能，是建设社会主义所需要的本领。必须把政治和专业统一起来，做到又红又专。

不注意红，就会没有明确的政治方向，学习热情也不会持久。因此，每个同学都必须严格要求自己，使自己在青年时期一开始就打下一个好的思想基础，树立正确的政治立场。在学校里，学好政治理论课程，参加一定的生产劳动和社会活动，是提高思想觉悟的重要途径。在这个基础上，还要进一步继续解决世界观问题。经过长期的努力，逐步树立无产阶级世界观。

要重视红，也要重视专。红与专是统一的。政治觉悟应该在为社会主义而学习的实际行动中体现出来。学校的学生要以主要的精力和大部分时间用在学习业务方面。努力掌握专业知识，不是无足轻重的事情，而是重要的政治任务。学专业知识，要专心致志，甚至劳费毕生精力，才能有所成就。

不要把政治和业务对立起来，红与专是相辅相成的，应该把两者结合起来，要使两者相辅相成，互相结合，互相配合。光管业务，不管政治是不行的；光要政治，不学业务也是不行的。

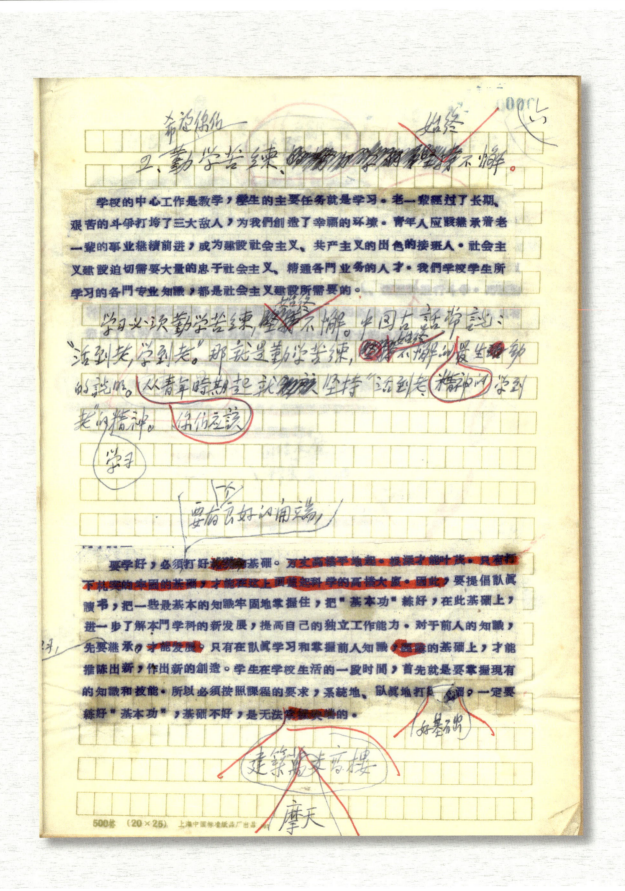

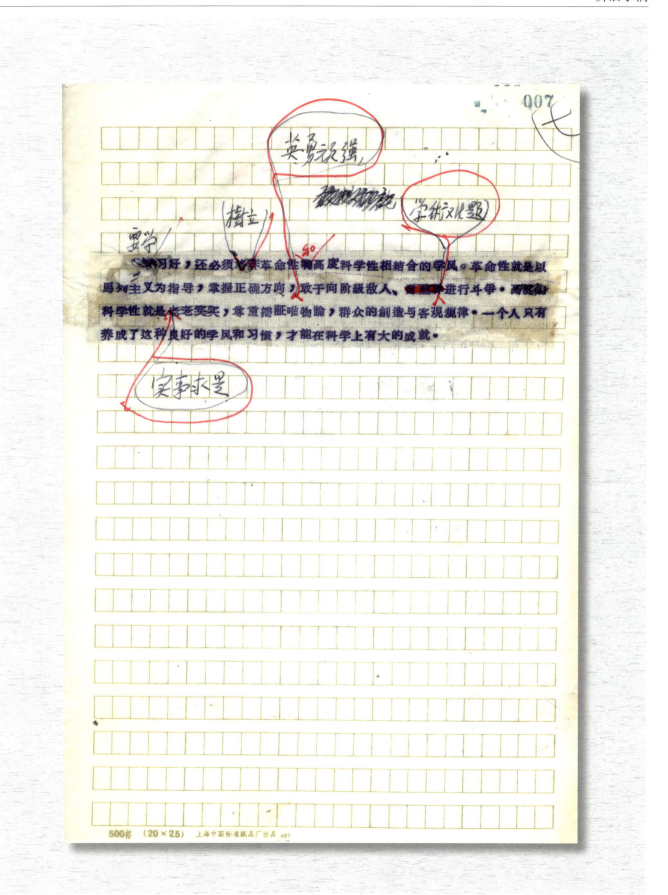

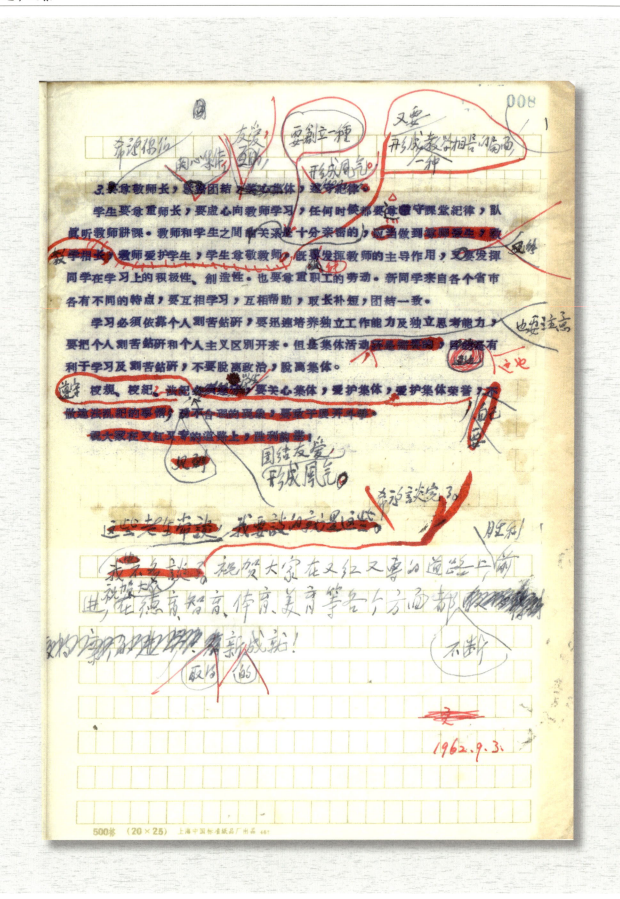

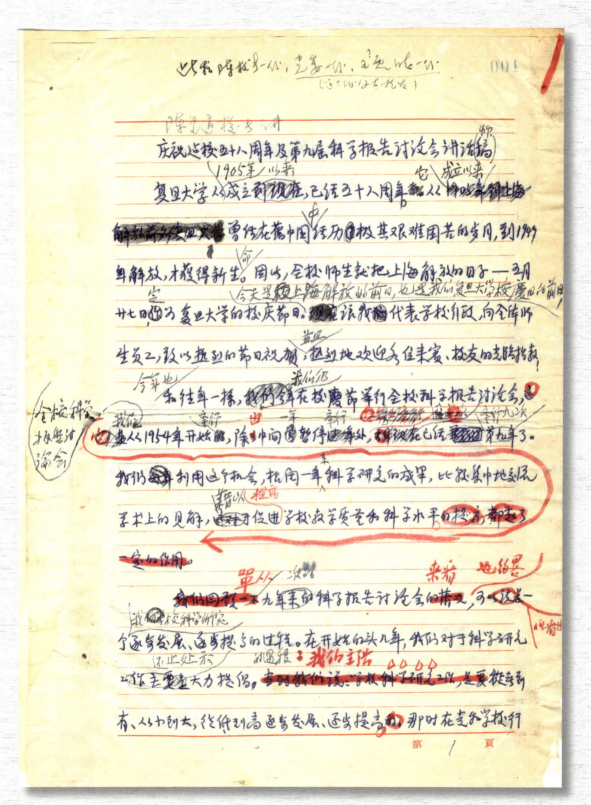

政的号召下，教师们积极参加了科学研究工作，作出了良好的开端。

1958年以后，学校在总路线、大跃进、人民公社三面红旗的指引下，贯彻执行了党的教育为无产阶级政治服务、教育与生产劳动相结合的方针。破除砍陷迷信，解放思想，发扬敢想敢做敢做的共产主义风格，青年教师、广大学生都积极参加了科学研究活动，有的还在部分学科、部分新兴生的建设。在院校的科学计划会，与1958年以前比较，有两个显著的不同：青年教师和学生，特别是青年教师，已成为一支坚强的科学研究力量；新学科和新专业的建设，也在科学计划会上，得到了一定的反映。

近两年来，我们要求在过去工作的基础上，努力提高科学研究工作质量，要求科学研究工作必须在党的领议、毛泽东思想指导下，坚持科学为社会主义革命和社会主义建设服务的方向，在这题上，提倡为当前阶级斗争和生产斗争服务，加强基础建设和提高技术水平的课题。关于今年科学报告会计没有具体情况，

(按下)

我想就培养<s>学</s>优良的学风问题，谈一点个人的意见。

前9月在这里举行过一次专门谈学风问题大会校委会，在那次会上我曾讲过，良好学风的形成需要我们长期而努力，需要大家经常讲，经常注意，不断使它得到发扬。今天再谈一下这个问题，也是经常讲，不断引起大家

今天想就这个问题再做一些补充说明，请大家指正。

个人认为，学风问题是一个综合性的问题，是我们学术机关的一切种姓的综合的表现，内容繁复，涉及的方面广泛，也许同机关的一切人（师生员工）和一切事（教学、科学研究等）都有关系，但又不是虚无言妙不可提摸的，可以指出某些表现优良，某些不足，某些可以 扬弃或精。我们经常谈，经常注意，动员一切人在一切事上注意这个综合的表现，使大家不致局限于一隅的成果，而要放眼注视我们学术机关的这种综合的表现。

佳言而意思。

个人认为，良好学风的形成，需要长期的思想上的问题。需要做的事很多，主要和经常的行动上实践。为什么这样讲？这是因为学风并不是一个技术性的问题，而是我们的思想的表现，我们在教学、科学研究上的干劲、风格等的反映。而以，良好学风的形成和发扬，需要从两方面去努力。一要必思想因行，也就是要有好的思想来领发、指导。我们要以马克思列宁主义、毛泽东思想来指导我们的教学、科学研究工作。思想不正确，不以正确的好思想来领发、来指导，就会有迷失方向的危险，那就不可能形成良好的学风。

第 3 頁

比如，为谁学习、为谁办文、为谁服务的问题，以什么思想来学习、来办文、来服务的问题，这都是我们在学习、办文、服务中具有根本性的问题。要很好地解决这些问题，需要有正确的思想来指导，这样才能在两种思想、两条道路的斗争中坚持方向，认清道路。我们同志上次会上有同志讲到要形成无产阶级的思想，灭资产阶级思想的话。这个学风的培养，和我们的自我改造，和世界观的改造，是分不开的。我们读书学习中最重要的一个问题，就是要努力学习马克思列宁主义、毛泽东思想，学习毛主席关于阶级和阶级斗争、无产阶级革命、社会主义建设的学说，改造我们的主观世界，指导我们的教学、科学研究和各项工作。现在全世界劳动人民的眼睛都看着北京，许多追求革命真理的人都到中国来学习毛主席的思想。我们的国家在世界革命运动中肩负着重大的责任。在这样的形势下，我们每一个人所起

第 4 页

责任是很重大的，我们对自己的要求也应当更高。

培养优良的学风，还需要我们在行动上实践。好的思想成为力量，是从通过实践，向科学技术进军，以正确的思想为指导，要专心致志、精益求精、坚持不懈的努力。一九五八年以来，我校许多青年同志，发挥敢想敢说敢做的精神，不怕困难，敢于探索，坚持到底，在新专业、新学科的建设上作出了成绩。他们中间有人讲，这主要靠功夫，一定要有志气，一定要坚持，只要有这功夫，努力下去，迟早总会有成绩，而这功夫都是党领导教育的结果。我们许多教师，在做学问的过程中，一丝不苟，高标要求。他们对资料务必亲自查到底，力求确实了解。他们对实验做法务必亲自检验，力求准确完备。许多教师，在为社会主义服务的思想指导下，"以实验室为家"，从早到晚，孜孜不倦地埋头于自己的工作，为教育、科研事业付出了辛勤的劳动，取得良好的成果。

教师，根据勤俭办学的精神，自己动手制作实验设备，加强实验设备的维修管理，不altri发挥了物资的潜力，在发扬艰苦奋斗的革命传统和树立共产主义道德风尚上也起了重要的作用。

以上所谈的，实际上也是又红又专的意思。理论和实际统一、各政治革命性和业务的科学性相统一的学风，依人理解，也是红专统一的意思。

我们强调红专统一，强调"多劳无食"，和我们坚决执行百花齐放、百家争鸣的政策，是完全相一致的。实行百花齐放、百家争鸣的政策，它的方向是为社会主义服务，它的目标是通过竞赛和斗争来发展社会主义的新文化，它所要采取的方法是讨论的、竞赛的方法。讨论和竞赛，实际上也是一种斗争。百花齐放、百家争鸣政策执行的过程，是各种学术思想相互竞赛和斗争的过程，是马克思主义思想用来与马克思主义思想和反马克思主义思想相斗争的过程。通过讨论和竞赛，我们要使以国和擴大社会主义文化的优势和主导地位，加强马克思列宁毛泽东思想的领导地位，也就很好地与资产阶级思想，无产阶级以及。

在发扬优良的学风上，在党的领导下，这几年做了很多工作。形势任务教育，社会主义教育，学生培养目标教育，劳动教育，新专业新学科的建设，正确处理教学、科学研究中的各种关系问题，加强基础，扩大学员，共之，都是有利于促进红，有利于促进专，有利于良好学风的形成和发扬。所以，培养优良的学风，不是今天开始，而是早就很注意，学校地做了不少工作。今天更加强调地提出来，是因为这个问题今天更加重要了，我们要更加自觉地注意这个问题。

最近半年多来，大家学习了十中全会公报，学习了反修正主义文件，大家的思想觉悟有了提高，对自己的要求也都更严格了；近年来学校试行了"教学工作六十条"，工作的方向更加明确，任务也规定下来，各方面的制度逐步

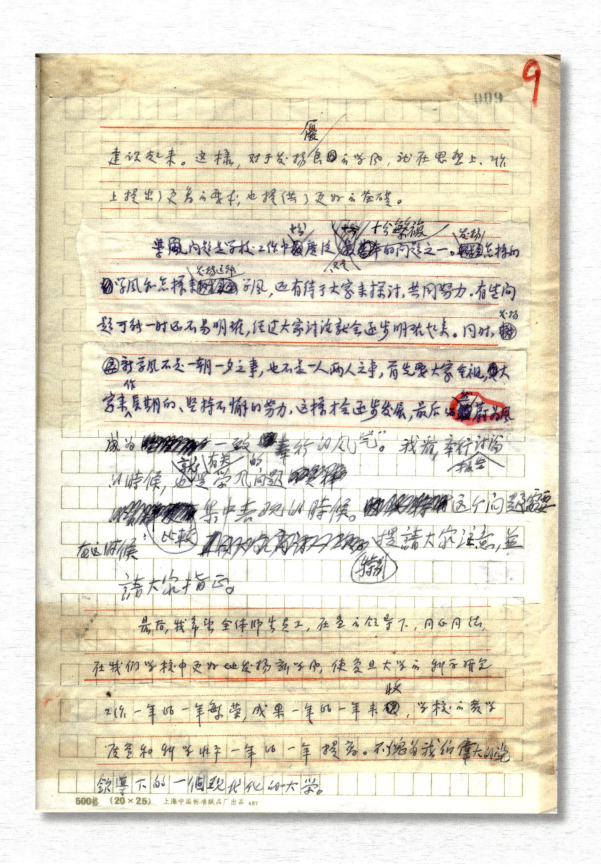

编 后 记

父亲离开我们已四十几年了。这四十几年来，我们常在梦中相见。恍惚中，觉得父亲只是没有跟我们住在一起，却常回来与我们团聚。复旦大学有一个望道研究院，因为研究的需要，近几年我们一直在整理和收集父亲的题词、信函、学术研究文稿和讲话稿等，俗话说"日有所思，夜有所梦"，脑子里一直想着父亲和寻找他留下来的物品，也难怪如此了。

经过多年的努力，在亲朋好友的支持下，我们终于收集到了父亲的题词32幅，信函39封。题词，涵盖20年代至70年代的每一个年代，其中50年代最多，为19幅。题词的范围，有为刊物题写的刊名，也有为刊物、协会、纪念册、校刊、学生会和个人的题词。信函，除了50年代，涵盖了20年代至70年代的每一个年代。50年代，是陈望道先生社会工作最为繁忙的年代，他不但是毛泽东主席任命的复旦大学校长，还是上海市政协副主席，主管华东六省一市高校工作的高教局局长，民盟中央副主席和民盟上海市委主委，所以没有太多时间给朋友写信是很正常的，信写得少了，收集自然更为困难。信函涉及的人物有：胡适、周作人、钱玄同、柳亚子、周伯棣、舒新城、盛此君、杜绍文、章益、葛斯永、伯华、金兆梓、杨兴炎、伍蠡甫、赵敏恒、叶永烈、周扬、郑振乾、王晶尧、王学庄等，信函的内容，涉及范围极广。如1921年1月陈望道给胡适的明信片，谈及了陈望道对《新青年》的态度；1925年6月陈望道致柳亚子的信谈及了《新南社》的有关问题，而1935年1—3月陈望道致舒新城的八封信则谈及了有关筹备成立"中国语言学会"和手头字的诸问题。信函中，也有陈望道给女婿杨兴炎的家信，以及致周扬副部长的工作信函等。

除了题词、信函，本书的主要内容是整理收入的学术研究文稿和讲话稿。学术研究文稿由授课用讲义文稿、出访讲学文稿和片断研究文稿组成，授课用讲义文稿中的第一部是"修辞学科补充讲义"手稿，1935年9月在桂林师专的讲稿。第二部是"中国文法研究"手稿，也是1935年9月在桂林师专的讲稿。第三部是"论理学讲义"手稿，一份是1938—1939年在持志大学的讲稿，另一份是1941年在重庆复旦大学的讲稿。特别值得一提的是，这两份手稿都是第一次与读者见面。出访讲学文稿，收的是陈望道先生 1964 年赴杭州大学的讲学报告。"片段研究手稿"的内容，虽然因各种缘故只作了部分内容的研究，但从研究角度而言仍极有意义。

讲话稿部分，选了四篇，都是陈望道先生作为校长的工作报告。除了一篇迎新大会上的讲话稿和一篇关于改进学校工作的建议稿外，另两篇都是校庆暨科学报告讨论会上的重要讲话。迎新大会上的讲话，对新同学提出了"努力学习，争取在德、智、体、美各方面都有新的成就"的要求。两篇校庆暨科学报告讨论会上的讲话，则涉及了"如何加强科学研究"和"培养优良学风"的两大问题。

在多年收集整理父亲题词、信函、学术研究文稿和工作报告的过程中，如果没有复旦大学档案馆的大力支持，没有陈光磊教授和周晔、陈启明、郑宝恒、黄海波、朱庆平诸朋友的鼓励，我们是很难坚持下来的。在复旦大学出版社领导的大力支持和复旦大学档案馆的资助下，《陈望道手稿集》现在如期与读者见面了。在此，一并对复旦大学档案馆前任馆长许平、副馆长奕丽萍，现任馆长黄岸青、副馆长丁士华以及刘晓旭老师，和出版社责任编辑王汝娟老师表示由衷的感谢！

由于我们的水平所限，不妥之处，请不吝给予指正。

陈振新　朱良玉
2020 年 8 月 26 日于凉城一品苑

图书在版编目(CIP)数据

陈望道手稿集/陈望道著. —上海:复旦大学出版社,2021.6(2021.6重印)
ISBN 978-7-309-15531-0

Ⅰ.①陈⋯　Ⅱ.①陈⋯　Ⅲ.①汉语-修辞学-文集　Ⅳ.①H15-53

中国版本图书馆 CIP 数据核字(2021)第 053525 号

陈望道手稿集
陈望道　著
出 品 人/严　峰
责任编辑/王汝娟
封面设计/马晓霞

复旦大学出版社有限公司出版发行
上海市国权路579号　邮编:200433
网址:fupnet@fudanpress.com　http://www.fudanpress.com
门市零售:86-21-65102580　团体订购:86-21-65104505
出版部电话:86-21-65642845
上海丽佳制版印刷有限公司

开本 850×1168　1/16　印张 35.25　字数 794 千
2021 年 6 月第 1 版第 2 次印刷

ISBN 978-7-309-15531-0/H·3059
定价:868.00 元

如有印装质量问题,请向复旦大学出版社有限公司出版部调换。
版权所有　　侵权必究